U0902774

上海闵行地方文史丛书（第二辑）

颛桥、莘庄工业区史话

ZHUANQIAO XINZHUANG GONGYEQU SHIHUA

张乃清 著

中西書局

图书在版编目(CIP)数据

颛桥、莘庄工业区史话/张乃清著.—上海：中西书局,2023

(上海闵行地方文史丛书.第二辑)

ISBN 978-7-5475-2115-1

Ⅰ.①颛… Ⅱ.①张… Ⅲ.①工业区—史料—闵行区 Ⅳ.①F427.513

中国国家版本馆CIP数据核字(2023)第078086号

颛桥、莘庄工业区史话

张乃清 著

责任编辑 刘 博

封面设计 梁业礼

责任印制 朱人杰

出版发行 上海世纪出版集团
中西書局(www.zxpress.com.cn)

地　　址 上海市闵行区号景路159弄B座(邮政编码：201101)

印　　刷 常熟市人民印刷有限公司

开　　本 700毫米×1000毫米 1/16

印　　张 13

字　　数 186 000

版　　次 2023年6月第1版 2023年6月第1次印刷

书　　号 ISBN 978-7-5475-2115-1/F·041

定　　价 88.00元

上海闵行地方文史丛书

编委会

前 言
Preface

今日闵行区颛桥镇，由原颛桥镇和北桥镇于2000年10月18日合并而成，位于沪闵公路两侧，区域面积24.34平方千米，常住人口21.1万。在历史上，颛桥老镇自古地跨上海县和松江县两地，东西一条老街由两县分治，直至1948年6月，上海县颛桥乡与松江县颛桥镇一至七保合并为上海县颛桥镇。北桥地区的人文历史因唐代所建“华严院”而更显丰厚，元代时松江府在此设立“北桥务”，明万历年间形成市镇，二十世纪三四十年代为上海县治所在地。

今日颛桥镇境内，地处拥有5 000年根基且势如龙脊的冈身地带，自古有一条专供马车行驶的“秦皇驰道”过境，一马平川，水网如织，村宅散布，并非穷乡僻壤。近千年来，这里因地势高亢，避免了洪涝灾害；又因距黄浦江位置适中，避免了一些战火兵灾。元明清700多年间，北桥明心教寺香火不绝，教化人文，安抚民心，影响久远。这里民风淳朴，社会安宁，虽没有创造惊世伟业，却人文灿烂，富有传奇色彩，有不少民间故事流传至今，令人回味无穷。

1932年10月，沪闵公路全线竣工，途经颛桥和北桥。1933年1月，上海县政府办事机构全部从南市杨家桥迁入北桥，沪闵公路沿途一举成为开发“热土”，随之迈开现代化建设的步伐，社会迅猛转型。

现代化建设步伐的不断加快，使昔日的田园变成了都市。如今，人们正为建设“宜居和美新城区、先进制造新高地”的田园式都市而努力。从“田园建都市”到“都市建田园”，是颛桥镇经济社会发展的时代交响曲。这里有

5 000 年根基，聚上千年人文，守 700 年文脉，又适应时代潮流，高歌猛进，如今是闵行区境内发展最具活力的地区之一，是“上海南部科创中心”高新产业、高级人才、高端要素聚集的高地，综合经济实力处于闵行区第一方阵。

1995 年，闵行区政府决定将区级地区“莘北工业区”和“申莘工业区”合并，定名为“莘庄工业区”。至 2002 年，颛桥镇牛桥村、横泾村、水产村、紫江村、六磊村、联农村、群力村、新生村、新农村及莘庄镇青春村先后划归“莘庄工业区”。

对于历史必须有所敬畏，故土乡愁必须妥善安放，这是任何一代人都应当担当的责任。站在新的历史起点上，坚定文化自信，为百姓留住乡愁念想，让家园情怀有守望之地，历史文脉有寻根之处，重礼厚德等核心价值观有承载之所，这是时代赋予当代人的重大使命。颛桥镇已经在“闵行绿道”沿线建成“颛桥历史文化长廊”，在党群服务中心建成“颛桥韵味”历史展览馆，在颛桥中心小学建立“红色史迹纪念地”。对北桥抗日阵亡将士墓进行保护性修缮及周边环境整体提升。进一步保护和利用历史文化资源，充分释放它的精神动力，让情感得到共鸣，让价值得到认同，才能凝聚民心，共同建设具有中国特色的社会主义大家园，实现民族复兴中国梦。

目录

Contents

前言 / 001

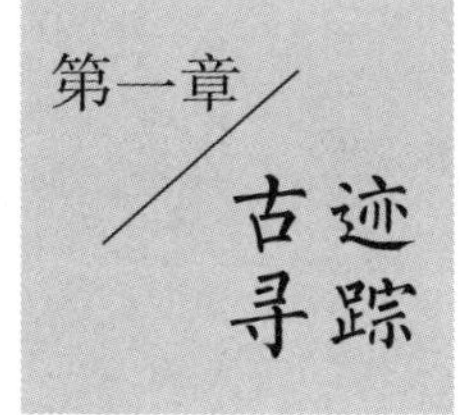

有钱难买俞塘北 / 003
北桥与颛桥的由来 / 006
千年古刹明心教寺 / 008
瓶山道院传奇 / 017
北桥金山神庙 / 021
颛桥老街奇观 / 023

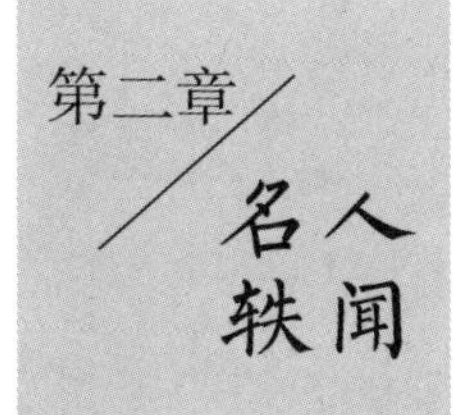

明代传闻 / 029
清代本地名人 / 032
颛桥老街的时代骄子 / 038
“江苏怪人”张翼 / 041
蓝天英豪曹仁寿 / 087
乡间艺人与能工巧匠 / 097

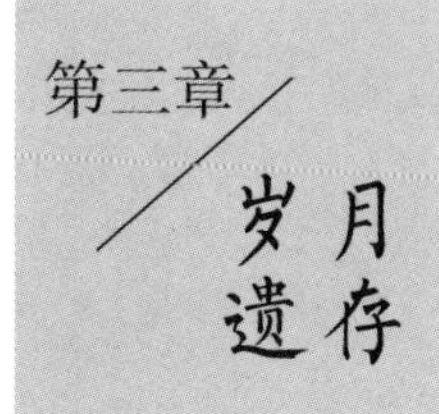

颛桥老街民国风情 / 103
北桥老街往事 / 106
本地庙会习俗 / 110
村宅趣闻 / 112
上海县治迁北桥 / 115

上松公路的由来 / 121
从星河湾回到中沟新河湾 / 123

第四章 史事实录

清末民初的地方自治 / 127
创办新式学堂纪事 / 130
颛桥北街周家命案 / 133
“邋遢埝头”翻身记 / 137
名医在颛桥的故事 / 144
壮丁集训迎抗战 / 148
抗战烽火 / 151
1938 年前后纪事 / 158
红星闪耀颛桥小学 / 172
上海县人民政权诞生记 / 178
莘庄工业区由来 / 183

附录

闵行区颛桥镇历史沿革简表 / 187
历史大事记（889—1949） / 188

后记 / 197

第一章 古迹寻踪

1934 年之前的北桥钟楼

明心教寺明万历铜钟,今存龙华寺内

有钱难买俞塘北

水涝无患

横贯上海市闵行区南部和松江区中部的俞塘（又称“北俞塘”），西起通波塘，由杨卖柴桥向东流，越洞泾，至茜蒲泾、女儿泾连接处的汇桥入闵行区境，流经马桥、北桥、塘湾、吴泾地区入黄浦江，自古“往来之舟皆可扬帆”，是沿途地区水运交通、农田排灌和调节水量的主要河道之一。南宋淳熙年间自署“和光老人”的许尚，撰有《华亭百咏》，其中有一首专咏俞塘：“延袤三乡外，东流与海通。河神屡加惠，帆借往来风。”

北俞塘沿岸土地高阜肥沃，宜种菽麦，千百年来一直是典型的粮棉生产基地，因此自古物阜民熙，富户竞相争购，以致地价升值。元代时，北桥有处士俞箕（字元绍）声称“虽有珠千斛，不卖俞塘北”，本地也有谚称“有钱难买俞塘北”。

据史书记载，明正德四年（1509）冬季，天气极其寒冷，竹柏多枯死，橙橘绝种，黄浦冰厚二三尺，经月不解。正德五年（1510）夏季，麦子多歧穗；农历五月间，遭淫雨；六月，发大水，决田圩。因此，松江府地区低洼乡村均发生饥荒，黄浦江东南出现龙卷风，风过处损坏庄稼房屋，死七人；十一月，又发大水。正德十五年（1520），继上年大水后又发生水灾，农田大多绝收。而唯有横沥港(又称横泾港)和沙冈、竹冈一带,因地势高,这几年灾情不重,依然有收成。于是,附近灾民大多迁居聚集过来,闵行、北桥等市镇随之发展。

横沥港和沙冈、竹冈一带自古水涝无患,被人们称作“福地”。这里为何独占优势?从人文地理的角度可以找到答案。

龙脊之地

在吴淞江以南,自古有三条“古冈身”,即沙冈、紫冈、竹冈,分别为距今6 000年、5 000年、3 000年的海岸线遗迹,犹如“龙脊”崛起于大地。在古冈身地带,距今5 000多年前已有人类的足迹,3 900年至3 200年前形成了考古学中的“马桥文化”。因此,这里可称是上海人文地理的“龙脊之地”。

这里地处古冈身,地势高,一般为海拔4.4米,高处达5.2米,而东侧海滩渐成陆地,人称“东乡”,西侧是一片盘状洼地,人称“西乡”。西乡只能种水稻,而这里种稻、种麦、种棉花,明清时代手工棉纺织业发达。同时,因地势高,避免了不少天灾,又因离黄浦江不远不近,避免了一些兵灾。

在这里,自古有一条专供马车行驶的“秦皇驰道”过境,其走势与古冈身相同。秦始皇统一中国后,拆毁战国时各国邻接地区的城防工事,兴建能走车马的驰道。驰道以都城咸阳为核心,辐射全国,并规定驰道宽度为50步,驷马战车能以四辆方队前进,骑兵成十路纵队前进,道旁每隔10米种一棵青松。据此可以想象,也许当年这里也有如此壮观的一道风景。

因为这里的秦皇驰道顺着古冈身而建,地势高亢,地基厚实,所以历经千年风雨,基本没有改道,始终有迹可循,被充分利用,乡人习惯称之为“官路”。

沙路传说

现中春路西侧,在沙港与北竹港河之间至今还有“官路”遗存,本地人自古称作“沙路”,故有村宅取名叫“沙路宅”(清初刘姓定居,以卖沙为生)和

"官路宅",还流传着一则有趣的传说。

相传,当年孟姜女北上万里寻夫,正值江南雨季。她走到如今颛桥镇六磊村一带,七高八低的小路泥泞难走。孟姜女跌跌撞撞往前走,滑倒爬起,爬起又滑倒,竟惊动了观音菩萨。观音菩萨急令东海龙王带虾兵蟹将火速赶到,决定用细沙铺道,让孟姜女顺利前行。虾兵蟹将各显神通,将海滩上的沙子卷到半空中。海龙王正在滩头督阵,一个疏忽,鼻孔里吸进了细沙,只觉得一阵奇痒,不由打了个喷嚏。这个喷嚏把空中的沙子喷出了十多里远。沙子纷纷落地后就形成了南北向的一条沙路。孟姜女便沿着沙路,匆匆而去。据说,海龙王还吩咐虾兵蟹将:一定要等孟姜女回返后,方能撤回。不料,孟姜女一去不返,虾兵蟹将们只得天天伸长头颈,等啊盼啊,一直等到如今。因此,这一带江河里,至今常有大批虾蟹出现。

后来,沪闵公路闵行段以及七莘路,都在"官路"基础上修筑,与古冈身及秦皇驰道走势相同。这条贯通南北的陆路主干道,直接影响着沿途乡镇社会形态的变化。

近代上海开埠以后,北俞塘一带失去竞争优势,沿岸的集镇未能恢复元气,发展相当缓慢。

清光绪年间,时人顾翰(字孟平)在《松江竹枝词》中感叹:"北俞塘上草芊芊,风景萧萧异昔年。休说当时难买处,予今择地不论钱。"上海开埠后商品经济的发展,沉重冲击着农村,壮男劳力外出打工或经商,四季田间劳动的重担都落在妇女们身上。所以,丁宜福(字慈水)在《申江棹歌》中大声呼吁:"少妇当家极可怜,女儿泾上盼归船。劝郎莫再经商去,多买俞塘南北田。"

自20世纪20年代起,这里迈开了现代城市化建设的步伐。

北桥与颛桥的由来

在俞塘河上,自古有不少桥梁。在至少600多年以前,靠近横泾港处有一座北梁七星桥(后位于北桥中街),故当地被称作“北梁”,自元末起隶属上海县长人乡十八保。唐龙纪元年(889),吴越王钱镠遣都水使者钱绰在“北梁”建造寺院,开山和尚大通禅师终日念诵《华严经》,故初名“华严院”。宋治平元年(1064),华严院希最禅师上书朝廷后,赐额“明心院”。伴随寺院的香火,周边形成市集。乡人将位于寺院西南角的“七星桥”改建得很高大,以便登桥浏览寺院全貌。此桥随之改称为“北扱桥”(扱,《说文解字》称“收也”)。可是,乡人认为不顺口,又为了与浦南奉贤的南桥相对应,将此桥简称为“北桥”。

相传,这里是西晋著名文学家、书法家陆机(261—303,字士衡,华亭人)放鹤之地。本地有个读书人(曾有人说是荀隐,实属牵强附会)与陆机是老朋友,两人常有往来。陆机在家除读书外,最喜欢养鹤。某年秋季,陆机携白鹤来到东乡,拜访好友,一起游玩。当时,这里向东即是大海,陆机走到这里不由胸襟大开。他身长七尺,声如洪钟,登上七星桥,欣然松手放飞白鹤。只听那白鹤鸣叫三声,冲天高飞。陆机养鹤已有多年,但从来未曾听到过鹤叫,他如入仙境,异常兴奋,终生难忘。为此,他出资在七星桥西面兴建了一座五马并行的紫云石桥,取名“鸣鹤桥”,俗称“放鹤桥”。后来,陆机在军中遇害,临终时感叹道:“华亭的鹤鸣声,哪能再听到呢?”当时,他年仅43岁。

元至元三年(1337),松江府在这里设有民间酒业税务机构,称“北桥务”。北桥地名随之流传开来。

明代,这里随明心寺香火日旺而重新兴盛。万历《上海县志》率先将“北桥镇”列入“镇市”条目。

至少600多年以前,老六磊塘上就有一座拱形桥,取名“众安桥”,因其由砖石混建,故俗称“砖桥”。后来,乡人嫌称其为“砖桥”太俗,便有文士取“颛”字(含有和善、谨慎义),又含有纪念古帝颛顼(黄帝之孙、夏禹之祖父)之意,呼其为“颛桥”。随着石桥四周形成市镇,颛桥遂成地名。明代《上海县志》记载“颛桥市”。

而本地还有一则传说四处流传,说当初也许“北桥”叫“卜桥”,“颛桥”叫“占桥”,而这“占”和“卜”两字自有出处。古代医药落后,乡人生了病只得求“仙”。当年横泾港桥头有人设摊卖卜,凭三寸竹管,断人吉凶祸福,居然生意兴隆。乡人心中有了疑难事,总会讲:“到卜桥去卜卜看。”不久,六磊塘神农桥边也来了个卖卜先生,自夸本事要比“卜桥”大,特意将神农桥称作“占桥”。这占字在卜字下多了一个口,意思就是要一口把你卜桥吃掉。结果,谁也没有吃掉谁。不过,这“占桥”与“卜桥”竟然成了地名,代代相传,只因后人感到这占、卜两字实在摆不上台面,才改“卜桥”为“北桥”,改“占桥”为“颛桥”。

明代时,颛桥归北桥镇。清乾隆《上海县志》称:“北桥镇,与莘庄相接,地多产木棉。”同时首次称颛桥为“颛桥市”,说明明代时颛桥尚未被认作市镇。1944年7月,日伪将上海县改称“申江县”,将北桥镇改称“放鹤镇”。抗战胜利后,恢复称北桥乡。

放鹤桥是乡人引以为豪的地标性建筑,历代得到维护。其存世500多年,始终基本保持原貌,有两排桥脚,桥面分三堍,每堍有五块条石拼成。桥面长18米,两面桥坡各6米,桥身全长达30米。桥上有石栏杆,桥堍有六角亭一座。

可惜,1952年俞塘疏浚时,有人认为大石桥已“不合时宜”,一声令下,竟然动手将其拆除。至1969年,石桥周边所有历史遗迹被清除干净,那些历史掌故和地方传说也随之被人们淡忘了。

初创期

据《明心寺志》介绍，明心教寺的地理位置是精心选择过的，这里东有黄浦江环绕，西有古冈身遮挡，经有横泾港，纬有俞塘河，真可谓一块宝地。

据《钱武肃王立寺记》记载，唐龙纪元年(889)，吴越王钱镠遣都水使者钱绰在这里建造寺院(又说建于五代后梁开平初年)。开山和尚叫大通禅师，相传系吴越王亲自从武林大慈山的草庵聘请来的。他在此终日念诵《华严经》，故初名“华严院”。大通禅师圆寂后，筑华严塔。

宋治平元年(1064)，华严院希最禅师(族姓施，湖州人)上书朝廷。当年十月二十七日，吏部中书门下牒秀州(本地时属秀州华亭县)，赐额“明心院”。后来，有庐岳道人文秀禅师游方到此，“邑令嘉其高雅，恳命挂锡”。文秀受命住持，着手扩建寺院。

宋神宗熙宁五年(1072)，明心院文秀禅师建法堂。

元丰四年(1081)，明心院文秀禅师建大雄宝殿。植桧树两株。

元丰六年(1083)、七年(1084)，明心院山门、僧堂、钟楼等相继建成，寺院初具规模。

北梁古寺图

元祐二年(1087)四月二十二日,文秀禅师之徒宗谅禅师立《明心寺结界记碑》,碑文由元照(余杭路天宫律师、芝园沙门)撰写。明成化十八年(1482)重新刻碑。

绍熙五年(1194),明心院师宁禅师在西中房建大藏殿。嗣后,分西中房、东北房、西北房、西南房、东中房等五房,而不举住持,由各房禅师轮流执掌。

宁宗十七年(1224)夏,寺内重建钟楼一座,初置铁钟,每日清晨鸣钟祈福。

寺内拥有石函观音像,令人关注。宝庆三年(1227),一阵飓风掀开殿屋,观音像暴露在风雨之中,一时无力修复,场面难堪。淳祐六年(1246),寺僧了胜筹资修建观音殿(额"圆通殿")供奉,才重现佛门尊严。为此,高子凤(安徽蒙城人)撰《石函观音殿记略》记其事。淳祐十年(1250)二月,立《明心教寺石函观音殿记碑》。

宋末元初,著名书画家赵孟頫(1254—1322,字子昂)曾到此一游,为寺院心远堂题额。"子昂笔迹"成为寺院一景,留存了 500 多年。

发展期

明洪武二十四年(1391),明心院又扩建,同时归并南面的度门寺、东面的南广福寺(即邹家寺)以及通济庵、觉城庵、南王寺等周边子庵17处,改称“明心教寺”。因其规模十分可观,俗称“大寺”。

弘治八年(1495),明心教寺东中房源师太竹泉主持重修观音殿。

正德元年(1506),明心教寺兴建月台。十一月初一,住持德庆立《明心寺月台记碑》。

嘉靖二十五年(1546),明心教寺东中房禅师琴楼明文(族姓孙,竹冈人)建佛堂,修东廊、观远楼,筑围墙百余丈。

嘉靖二十九年(1550),琴楼明文禅师重建心远堂和市房东西两所,甃寺浜两旁石岸。

嘉靖三十九年(1560),琴楼明文禅师再修观音殿,“沙门明文捐赀,细置石柱,以固其四旁,周加砖券,上通翻盖,下举完修”,并立《明心寺观音殿记碑》。次年新建钟楼、弥勒殿。

隆庆四年(1570),琴楼明文禅师又募修大殿。

万历四年(1576)七月,明心教寺重修轮藏殿、金刚殿、大殿、外山门、两回廊、楮炉等。八月,寺僧济宝、琴鉴、仰山、仰云等为琴楼明文禅师立《明心寺勒功记碑》,历数明心教寺各殿房建造年代,由杨祚撰写碑文。

万历十四年(1586)孟夏,明心教寺铸大铜钟,高1.52米,直径1.18米。明心教寺住持僧仁漳,本地铸匠姚恩、继宗、应科、姚坎、朱相、良冶、梅景阳等助造。礼部尚书陆树声助缘题偈。

鼎盛期

清顺治十六年(1659),明心教寺观音阁倾圮。康熙二十八年(1689),为迎接皇帝南巡,僧远照与徒嵛来、徒孙月山重修,额“大悲阁”。乾隆五十八

年(1793)五月,大悲阁毁于火灾。“住持信峰叹古迹湮没,欲还旧观,叩募十万,不惮寒暑。邑中耆宿,乐事劝功。又得大令王公、大同少府王公永灼割俸捐助。而大悲阁遂焕然复新。”

清康熙四十年(1701),建五观堂等。乾隆十二年(1747),修建钟楼。乾隆二十九年(1764),寺僧晓闻重建大雄宝殿。乾隆五十八年(1793),重建天王殿。

几经扩建后的明心教寺规模宏大,南起俞塘河,北至桐桥,东抵横沥港,西达庙泾河,占地1平方千米。寺内僧侣上千名,寺房有5 048间,并有一幢轮藏(七星塔),故当地人称拥有“五千零四十八间一藏”。此时香火极旺,为鼎盛时期,有“东南一大丛林”美誉。

朱采《上海明心寺志》称:“本寺堂庑宏焕,钟梵悠扬,竹树迷离,鸟声上下,窅然香界也。有十景,曰:华严宝塔、义虎讲坛、石函大士、元丰老桧、子昂笔迹、鲁班仙壁、云钟梵音、石底莲花、竹窗听雪、罗木古墩。”并赋诗云:

一行小字依塘□,中市巍然兰若起。
支流曲抱断嚣尘,游屐牧登彼岸矣。
回首墙头露塔尖,开山祖师号华严。
遗脱个中留双屦,荒烟罩雳两廉纤。
迢迢法嗣称义虎,讲台遗迹剩抔土。
月落风沉年复年,草花犹向空中舞。
坛前宋桧清荫浓,撑奇夭矫如双龙。
而今不见摩空影,忽闻云爪一声钟。
钟声下撼庄严地,石函远自青龙至。
金容缘尽化为埃,惟有池莲依旧开。
欵欵禽随秋叶堕,迟迟蝶带夕阳回。
僧言古迹多零落,壁缝纵横公输垩。
壁间名笔灿然存,当时松雪濡毫作。
可惜沧桑几度新,甃纹墨迹两非真。

不如步入花蹊去，红酣绿霭烟霞饫。
竹窗小憩且狂吟，不管罗墩在何处。

寺前西南角俞塘河上有鸣鹤桥。寺内有数百年的银杏树、罗汉松，及通天竹、方竹等。寺河呈曲尺形。

北桥老街依托明心教寺的兴盛日益发展，形成市镇规模。乾隆四十九年(1784)，“北桥镇”首次列入《上海县志》。

嘉庆二十年(1815)，寺僧信峰“悯通祖龛塔为居民所蚀，谆恳檀越复归净土，鸠工修葺，与阁并峙。又构山门，中塑吕祖颜，曰仙佛境，逶迤而入。筑慈云亭于荷池之右。祖塔屹于南，水廊敞于北，花石清幽，游鳞瀺灂，遂成胜境。”为此，冯以昌(字醒泉，号吟秋，莘庄人)撰《明心寺观音阁记碑》。

清代史地专家褚华《沪城备考》称：明心教寺大佛殿颇为雄壮，两旁有12堵墙壁，皆有巨砖甃成，上刻卍字、方胜、棋局、回文等花样各异，而不以土俗，人称鲁班壁。近年，教寺谋划修葺，但寺僧发现重甃困难重重。幸有里人钮某设法先将图案描在纸上，再重新购砖刻在砖壁上，竟然较前丝毫不差，乡人佩服其心灵手巧。

衰落期

自道光年起，明心教寺一蹶不振。道光二十三年(1843)，明心教寺基建屋成为悦善堂公所。

光绪年间，松江白雀寺(后改称“法华寺”)因淫寺事件闹出风波，遭民众火烧，那里的“花和尚”逃到北桥，民众赶来追究，又一把火殃及明心寺，使其再也无力复兴。

此后，东南两房僧众相继圆寂，难以为继，时有幼年进寺出家的定根(族姓罗)和慧深(族姓翁)，均为本地农家出身，全靠自耕自给，艰难度日，守护着寺院残屋。

待到民国时期，寺院的荷池山房改为北桥乡公所用房，禄玉山房改为乡

立第一小学校校舍。

1922 年，李英石主持修筑沪闵公路，当公路放样到北桥地段时，遇到难题，工程受阻。

规划中的公路走势是顺着原有的“官路”取直而行，需要穿越北桥市街和明心教寺。

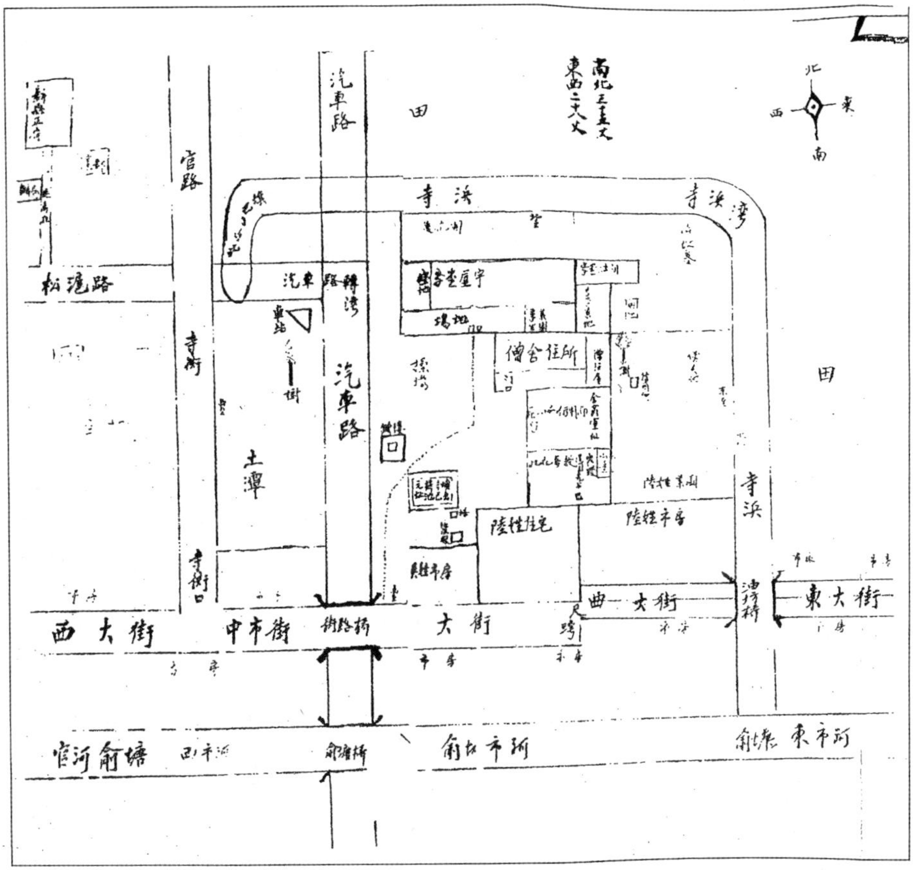

20 世纪 30 年代区域地图

北桥老街南依俞塘河，北靠明心教寺，东、中、西一条长街有 500 多米长。乡人听说沪闵路工程要横穿北桥市街而过，顿时众说纷纭，“市虎过街，危害百姓”。李英石决定增加投资，在公路上建一座钢筋水泥大型旱桥，连接街道。而公路穿过明心教寺，需要拆除一批寺房。苦守寺院的定根和尚为保全寺基,强烈要求公路改道避让。李英石据理力争,坚持不肯让步。结果,他借助县公署和警方之力,强行拆除了部分寺屋。定根和尚顽强抵抗,为此坐了63天牢狱,明心教寺随之仅剩几十间寺屋,逐渐断了香火。

1930年2月14日夜间,北桥明心教寺又惨遭火灾,观音阁等主要建筑和法器尽毁,千年古刹就此彻底断了香火(自889年至1930年,存世达1 041年)。1936年2月,上海地方史学者赴北桥采风时,这里仅剩零乱的石碑和破房。

1950年,这里仅存两棣东北房的六间寺房和一幢轮藏。后来,改建为小学校舍。

千年古刹明心教寺现仅存一棵银杏树,位于北松公路口。这株高大雄伟的银杏树树龄已有400多年,与众不同的是在其分杈上竟然长着一株冬夏常绿的枸杞树。古银杏冬季休眠时,树上那一团绿色分外引人注目。

《明心寺志》

《明心寺志》前后有两种。

清康熙四十七年(1708),明心教寺主持僧上鉴(还照显鉴禅师,号岳清,苦卤浜人)“拾前贤列祖事迹之概,略为编辑”,形成《明心寺志》,内容简略,但未刊印。

嘉庆十六年(1811),里人朱采(字云亭,号冶仙)又拾遗补阙,更定类例,辑成《上海明心寺志》,内容和体例较上鉴《明心寺志》更为详尽和完备,卷前有图,正文分形胜、建造、古迹、世系和遗事五个部分。其中建造、世系部分叙事详赡。

1931年,明心教寺僧定根(北桥人)将上鉴《明心寺志》本续抄,并增补嘉庆年以后的变迁状况,纪事迄于1930年寺毁止。

2006年,广陵书社《中国佛寺志丛刊》第130册和上海社会科学院出版社《上海乡镇旧志丛书》第15册,以1933年番禺叶氏钞本(今藏上海图书馆)为底本,参校民国定根续抄本,刊发《明心寺志》和《上海明心寺志》。

明心寺碑刻

据现有资料,明心教寺内至少曾有六块碑刻。可惜,如今无一幸存。

《明心寺结界记碑》,宋元祐二年(1087)四月二十二日僧宗谅立,明成化十八年(1482)重新刻碑。由余杭路天宫律师、芝园沙门元照撰记。

《明心教寺石函观音殿记碑》,淳祐六年(1246)明心教寺建观音殿。淳祐十年(1250)二月立碑。碑文由安徽蒙城人高子凤撰。

《明心寺月台记碑》,明正德元年(1506)十一月初一日由住持德庆立碑。

《明心寺观音殿记碑》,嘉靖三十九年(1560)观音殿重修,寺僧特地立碑。

《明心寺勒功记碑》,立于万历四年(1576)八月,历数明心教寺各殿建造年代。

《明心寺观音阁记碑》,清嘉庆二十年(1815)立。碑文撰者冯以昌,字醒泉,号吟秋,私谥孝惠,莘庄乡冯家旗杆(今明星村)人。乾隆四十八年(1783)娄县籍副贡生,任安徽怀远教谕、江苏阳羡(宜兴)教谕、苏州府学教授。享年69岁。

寺内曾经还立有关于瓶山道院、天移井的碑刻。

明心寺钟楼

宋嘉定十七年(1224),明心寺僧师宁初建钟楼。明成化十四年(1478),僧道鋐再建。嘉靖三十三年(1554),大铜钟“因倭飞故”(遭劫)。嘉靖四十二年(1563),僧琴楼重修钟楼,并铸大铁钟。

万历十四年(1586),寺僧仁漳主持重铸大铜钟,高1.46米,直径1.8米,重3 000多斤。为此北桥人至今常说:“北桥穷虽穷,还有三千六百斤铜。”此钟上部刻“皇图永固,帝道遐昌,佛日增辉,法轮常转”;下部刻“国泰民安,风调雨顺,五谷丰登,八方宁静”。以及“明心寺住持僧仁漳。大明万历十四年丙戌岁孟夏吉旦,本郡铸匠姚恩、继宗、应科、姚坎、朱相、良冶、梅景阳助造”。相传,因试钟时被冒失鬼误敲损坏而难以声传千里,留下“北桥钟,响在屋界东”的俚语。

1923 年沪闵公路途经钟楼

崇祯六年(1633)六月二十五日,遭飓风,钟楼又毁,折断一根楠木大柱。崇祯十六年(1643),寺僧雪岑主持重建钟楼,“时值兵燹,物力艰难,赖翁逸南等乐输”。十二月十二日,新建钟楼升钟,万历铜钟的钟声重新响彻四方。

待到清代,明心教寺进入鼎盛时期。康熙三十七年(1698),钟楼大修。乾隆十年(1745),寺僧德芳、惕庵等主持重修钟楼。因此,数百年间,这座明心寺钟楼一直是本地最显眼的地标性建筑,风光传世,深入人心。

光绪年间,明心教寺因涉及松江白雀寺淫寺事件遭毁,钟楼从此失修,风光不再。

1931 年冬,地方士绅动议相商,募款重建明心寺钟楼。至 1933 年 6 月,募款五千七百三十余元。

1932 年 9 月钟楼遭台风受损

1932 年 9 月 2 日,上海遭遇强台风,年久失修的北桥钟楼被刮得破败不堪,随时有倒塌的可能。北桥钟楼是千年古刹明心教寺遗留下的宝贵财富,在乡人心头具有极为神圣的地位。

瓶山道院传奇

明心教寺的右侧自古就有座瓶山。上海地区曾有多座瓶山,而最著名的应为北桥瓶山。

1984 年以前,瓶山旧址还保留着高出路面 1 米多、占地面积 300 多平方米的瓦砾荒地,各式破瓶的碎片随手可拾。据说,当年这里曾有数米高。后来,此地逐渐夷平,才暴露出很多瓶状器物,称之“平山”。瓶为凸肚瓮形,有无耳、双耳两种。相传,瓶中有泥者,插花历久不萎,人们争相拾取玩赏。

关于北桥瓶山的来历,说法多种。有传说称,晋朝时吴郡太守袁崧(字山松)曾犒军于此,留下酒瓶堆积成山。连清嘉庆《松江府志》也曾称:“袁崧墓葬于北桥之南。”又有传说称,是吴越王在此犒军留下的遗迹。还有史料说,在此犒军的是南宋抗金名将韩世忠。不管涉及哪位大将,都是犒赏有功将士而聚瓶成山的。此外,还有一种说法,明代马桥人氏董宜阳所著《松郡杂志》云:“宋时开酒务于此。”清诸华《沪城备考》也有如此说法。清卢元昌(字文子,晚自号半林居士)在所作《瓶山道院》一诗的题记中具体分析了上述种种说法,认为董宜阳之说更可靠。

瓶山虽早已成为历史遗迹,但自古以来有许多墨客为其留下诗文。清代陈金浩《松江衢歌》云:

袁崧墓道草青青，沪渎红旗尚显灵。
错唤平山何处是？行人拾到赏军瓶。

民国初，龙湫旧隐《上海竹枝词》也有吟：

瓶山旧迹未全抛，花插军持更吐苞。
想见当年行犊赏，酒酣士气动征烧。

在瓶山所在地，明洪武七年（1374）由里人沈子文筹建瓶山道院（又称“平山道院”）。明永乐元年（1403）、崇祯七年（1634）和清乾隆二十年（1755）一再重修或扩建。当初，道院建有十上十下楼房1幢，平房14间，大小塑像数千尊，出家道士20余人，颇具规模。院内除瓶山外，还有天移井、独脚山门、人影桥、古银杏、花李子丹树等景观。最传奇的是天移井，相传在明万历十二年（1584）某秋夜，在一阵雷雨中，此井竟神奇地自行移到河边，离原址约有两米远，与桥相对，且井之石甃完好无损，泉水口味越加甘甜，人多不解。郡人陆树声（字与吉，别号平泉，华亭人，任礼部尚书）得知后特地为此井建一亭子，立《天移井碑》，大画家董其昌闻讯也书额曰“天移井”。清人唐天泰有一首《续华亭百咏》专吟此井：

移山人笑愚，移井天不测。
变化本无端，方叹大神力。

后来，亭子废弃，但井一直幸存。秦荣光《上海县竹枝词》也颂其事：

鸣鹤桥头鹤不鸣，赏军瓶积与山平。
闲寻院左天移井，亭筑当年陆树声。

国民党元老钮永建题匾“瓶山石径”。

瓶山道院内曾有数块古碑。明崇祯九年(1636)《瓶山道院助赡田房记碑》,张肯堂(字载宁,号鲵渊,华亭人,任佥都御史、巡抚福建)撰,翁英书。清乾隆二十二年(1757)《重修瓶山道院记碑》,赵骏烈(松江人)撰,钮光铭(俞塘人)书。

据民国《上海县续志》记载:瓶山道院三教殿围墙上,曾有"敬吾者寿,礼吾者康"八个字。相传,整修大殿时有个乞丐走进院来,道士正忙"不之礼"。那乞丐便拿过黝帚,在墙上疾书八个大字,扬长而去。当道士发觉后,忙追出去想致以谢意。乞丐已不见踪影。墙上的字,苍劲古朴,寓意深刻,后人时常前来描摹,众口赞叹。

1934年起,江苏省立俞塘民众教育馆在北桥乡设立瓶山分馆,在瓶山道院遗址重建馆舍,馆长由民众教育馆教导部主任陆盖兼任。

1934年游人留影

《社教通讯》1936年创刊号有《俞塘散记》,文中记载:沿上松公路看到的"第一所房屋就是省立俞塘民众教育馆的瓶山分馆。在这馆里一年四季里可以看到许多农友们利用着农余的光阴,在乡里嘻嘻哈哈地谈着,笑着,读着,唱着。弦诵声中,个个紫红色皮肉裹着的心灵,陶醉在教育的乐园里。瓶山、天移井、血迹桥、松板补银杏等等古迹,定能启发不少凭吊者思古幽情"。

当时,三教殿、玉皇阁、文昌阁均已废,唯有斗姥阁及余屋尚存天移井加筑水泥栏杆,保存完好。

抗日战争期间,瓶山道院又遭毁损。留下的部分遗迹有人精心保护,有人却肆意破坏,天移井成了口废井。1959年1月,当地四名职工熏烟捕捉黄鼠狼时,竟烧毁了一株已有500多年的银杏树。到"文化大革命"时期,瓶山道院被毁得无迹可寻了。

俞塘民众教育馆瓶山分馆

北桥金山神庙

金山神庙，即忠烈昭应庙，祀西汉大将军博陆侯霍光。人们祈求神灵抵御潮灾，将霍光供为上海地区最早的“潮神”。建在金山区大金山岛上的金山神主庙，是上海地区有记录以来最早的道教宫观。后来，在松江府衙东南80步，建有别庙。

在北桥老镇，也曾有一座相似的金山神庙，又称“霍光行祠”“金山寺”，位于北桥老街东首横泾港边。明代初，由里人宋宏焕捐资建造。明万历二十二年（1594），神庙重修（俞明时有记）。清嘉庆十五年（1810），再次修建。宣统三年（1911），里人陆杏林等募捐重建杨爷殿。

北桥金山神庙内，有房屋12间，戏台1座，银杏2株。历代供奉着三尊土神，粉红脸者为“金山神主霍光”，黑脸武夫者为“圣爷杨阿太”，白脸者为“施相公”。“杨阿太”被封为昭天侯，有人说是东汉名臣杨震，而本地相传其本名杨文胜，曾任华亭县典狱官，铁面无私，还精通医术，包治百病，因此香火极盛，时常有人以“杨老爷附体化身为神”自称“仙人”行骗。“施相公”人称“蛇王”“水神”，相传为宋代华亭诸生施锷，精通医术。每逢惊蛰日，本地香客大多供奉“盘龙馒头”祈求消灾。

北桥金山神庙内，曾经有两块碑刻。一是《开浚俞塘横沥示略》，嘉庆二十一年（1816），上海县知县叶机（字宗藩，号莱山，舟山人）给示，里人朱昂记略。二是《阵亡官兵纪念碑》,1914 年立,纪念陆军少尉罗星溪、兵士秦学初和水上警察杨寿林、王祥生、周友年。

当年,每逢农历六月二十四日,是和合二仙诞辰日,北桥老街均举办金山神庙庙会。

1977 年,北桥金山神庙被全部拆除。

东西分治同乡人

这里地处南北向的“官道”旁，其地基为“古冈身”，曾经为“秦皇驰道”，地势高亢，水旱无患，人称“福地”。

这里，地处上海县和松江县（旧称华亭县）交界地。自元代末起，大部隶属上海县长人乡十八保，西部属华亭县。明代晚期，在十八保十五图（今颛桥老镇东南部）始设市集。相传，时有杜、徐、王三大姓人家集聚。随着人口逐渐增多，经贸日趋活跃，街市应运而生。清乾隆年间，这里形成了相当规模的市面，人称“颛桥镇”。至嘉庆年间，历经社会动荡，市面衰落，复称作“颛桥市”，镇区为十八保十五图，镇区南为十八图，镇区西南二里为十六图，北镇为十八保十七图。咸丰十年（1860），这里设立中渡桥团练局（后改称“颛桥团练局”），开始有行政管理机构。光绪三十二年（1906），这里称为“颛桥学区”。

数百年间，这里以市河（老六磊塘）和北街为县界，市河以南和北街的东半街以东属上海县，市河以北和北街的西半街以西至竹港属松江县。光绪年间，西街及周边地区还称“颛桥庄”，说明发展缓慢。

尽管一条并不长的街和河成为县界，东西分属两个县，但是在乡人眼里东南部与西北部都是“颛桥人”，日常人际交往，商贸交易，均没有地域隔阂。

老六磊塘上，自古建有神龙桥、众安桥、秀龙桥三座桥梁，自东向西排列，众安桥居中。

颛桥老镇以众安桥为市中心，分东、西、南、北四条街，呈十字形。西街最长，全长 720 米。南街和北街最为热闹，全长 260 米。东市另有前东街和后东街。老街上拥有 120 多家店铺和作坊，业态丰富，几乎应有尽有。

两县夹峙成北街

北街并不长，也不宽，最奇特的是沿街东侧地属上海县，西侧地属松江县，这街路成了分界线。

北街北首有永宁庵，俗称“北庙”，曾与三官阁、恒善堂（掩埋贫民、施药的机构）相连。

颛桥北街

北街上，有不少人家世居于此，其中有张氏和周氏两家望族，张家坐东面西属上海县人，而周家坐西面东属松江县人。

张家为北街35号，自称“张氏松鹤堂”。相传，张氏祖籍在江西宜黄凤凰山一带，位于江西省中部偏东、今抚州市南部。清咸丰年间，太平军起义，张氏先辈张蒙东为逃荒避难来到上海城郊，先是靠江西人擅长的“搭锅补碗”手艺沿街设摊，艰辛谋生，后来在颛桥镇北的张家塘（今光华路农业银行处）空地上搭建简易房屋，开店定居。

光绪年初，张蒙东之子张和，入赘颛桥镇西街14号的吴家，生有两个儿子。张和的两个儿子成人后，联手在颛桥镇北街永宁庵之南建造起六间门面的二进“小绞圈”房屋及后面两间小屋。于是，张家人从张家塘搬进这里（今北街35号）居住，并开了办一爿张永源南货店，经营南北杂货。张氏主屋取名“松鹤堂”。

长兄张月卿，为人朴实，不喜张扬，承父命在家经营烟酒杂货店，主持家务。

同时期，张氏同族后人张德堂、张德明等在北街开设米店，后在后东街建造新屋。

就此，原籍江西的张氏人家在这里枝繁叶茂，享有声望。

张家斜对门为北街24号，是镇上头号财主周钺（字惕生，号铁铮）的家宅。周氏家业殷实，其店号为“周义隆”。周家宅院始建于清嘉庆年间，光绪年间扩建，人称“周义隆宅”，是镇上最显赫的私家宅院。

宅院坐西面东，有九间街面房，分设店铺。扩建后，宅内前后有两座仪门，分隔成老宅、新宅两个套院，共有大小房屋数十间，上下两层，主要房屋的柱、门、窗上均有细腻的雕花，庭院中有一棵百多年的飘香金桂，宅后有池塘。当年，楼上住人，楼下做会客之用，还时常邀艺人来唱堂会。

西街号称“镇上人”

老镇的西北部一向称为“颛桥庄”，地属松江县。这里的街市规模要超过镇东部，因此这里的乡人自称为“镇上人”，而将镇东人家称作“乡下人”。

西街上有座福智庵，俗称“西庙”。相传始建于元大德年间，若属实，此庙可称“千年古庙”，是本地区最古老的人文景观。时至清代，福智庵内供男女神像一对，有20多间庙房，香火不绝。南面设有古戏台，飞檐高翘，颇为壮观，时有演出活动，自然成为西街的地标。

然而，镇东面上海县的办学新风，自然会吹到西街上。镇上人坐不住了。

1910年，乡人急匆匆在福智庵内建立一所“振颛小学”，人称“西校”（1928年后名“松江县莘庄乡立颛桥小学”）。

西街中段的杜家厅，是颛桥人时常议论的话题。杜家为清代官宦人家，老屋有100多年历史。杜家厅坐北朝南，五开间门面，一井院落，为两层木结构房屋。大厅高约6米，长7米，宽约7米，柱头有雕花，门上有典故雕刻。北面天井用大方石铺成，屋后为小河。

直到1948年6月，松江县颛桥镇一至七保与上海县颛桥乡合并为上海县颛桥镇，东西老街居民均成为“镇上人”。

第二章 名人轶闻

明心報

鈕永建

創刊號

國內要聞

世界簡訊

尊重聯合國憲章
發揮大同主義 內修政
治以保育全民 外抗強權
以安定全世界 此吾同人
之職志也

明心報創刊紀念 鈕永建

創刊詞

全國人口

《明心报》创刊号

上海土布运动大会颛桥农教馆展品

明代传闻

朱百部再狠也会败

明弘治、正德年间，在俞塘之南、横泾港之东有一户人家是北桥首富，户主朱百部。经几代人辛劳积攒，也少不了取巧豪夺，朱百部手中拥有了良田数万亩。朱家宅院及农耕设施规模很大，以朱家塘（后来的灯塔大队驳岸生产队）为中心，竟然遍及四周数百米，东南角有供家眷游览的“花园里”（今属吴泾镇和平村），西南角有专用种植菜蔬的“园田上”，东北角有专门安放农具的“田肚里”（今属颛桥镇光明村），西北角有烧制砖瓦的“窑田上”，这方圆数百米俨然成为他家的大庄园，因此豪气冲天，声名显赫，号称“华亭大户”。

朱百部生性张扬，经常自夸“出门西去松江城，脚脚踏在自己的地皮上”。因中间要绕过别人家的三亩田，他心头不爽，竟然不惜以“一棵稻根抵一只元宝”的代价，想买下这三亩田。但是，人家偏偏不肯卖给他。朱百部只得自叹“缺口气”。

乡人见朱百部财大气粗，难得行善，不由抱怨生恨，时常咒“朱百部再狠也会败”。没想到竟然被说中了。

相传，朱百部为了保住发家优势，千方百计与高官攀亲，将最宠爱的小女儿嫁给了世称“徐阁老”的朝廷内阁首辅徐阶(字子升,号少湖,华亭人)的儿子。他女儿进了松江城内徐家门之后,总是嫌夫家的饭菜太差,甚至说比娘家狗吃的还不如,声称“我伲朱家的狗有福气,顿顿只吃蹄子肉”。徐家家人为狠刹其娇气,叫她将娘家的狗送到松江城里来,再故意让这条狗饿了三天,结果那狗出笼看见牛粪就吃得净光,那娇女羞得无地自容。朱百部闻听女儿遭徐家嘲弄,即与徐家结仇生恨。最终,两亲家闹翻,朱百部最后几乎破产。

明嘉靖九年(1530),朱百部去世后,家人在朱家塘高调厚葬,大摆阔气。坟圈为朱氏祖传墓地,呈正方形,占地530多平方米,朱百部生前即将四周用大块青石垒成围墙,人称“朱氏石坟圈”。朱百部墓前正门沿梯而下,中立《朱氏茔石垄记碑》,上凿龙头凤尾,极为精巧。墓穴分上下两层,棺柩十多具,均做工考究。

朱氏石坟圈存世400多年,朱百部的故事始终流传在乡间,“朱百部再狠也会败”成了一句俚语,发人深省。

1958年,朱氏石坟圈被夷为平地。1967年,朱百部墓地被挖,这个“华亭大户”就此寸土未得。

武进士翁英

翁英,字际蜚,祖辈为上海县十六保十四图(浦南丁家桥)人,而清嘉庆《上海县志》称“翁世为北桥人”,实属事出有因。

翁英长得身材高大,英俊有力,自幼尚武,立志精忠报国。明崇祯三年(1630),考中松江府武举人。崇祯四年(1631),崇祯皇帝为保住岌岌可危的明王朝,主持全国武科会试选拔人才,比武时不仅赛马上箭、步下箭,还新增了刀石功夫。翁英赴京城应试,殿试时“偶蹴巨石,崩声闻宫中”,荣获第一名,称“武会元”。然而,发榜后引起争议。崇祯皇帝闻讯亲自重审,结果他偏爱王来聘能手持一百斤级大刀,挥舞自如,花样奇出,便当场钦定其为武会元,而翁英只得屈居一甲第二名进士,称“武榜眼”。不久,翁英奉命镇守

边关，历任参将（统兵官）、游击将军。

北桥乡人与翁英有缘。崇祯九年（1636），瓶山道院建助赡田房，请华亭名士张肯堂（字载宁，号鲵渊，任佥都御史、巡抚福建）撰《瓶山道院助赡田房记》，又请翁英书写后刻碑，立于北桥明心教寺内。

崇祯十七年（1644）春，农民起义军一举攻占北京城，明王朝就此灭亡。清军趁机入主中原，翁英只得返回家乡。

清顺治二年（1645），翁英奔赴松江城内，协同本地抗清人士沈犹龙、李待问、陈子龙等死守郡城。

八月初三，眼看松江城被清军攻破，翁英毅然背起已受伤的沈犹龙奔出东门。清军马队一路追赶，沈犹龙不幸中箭身亡。翁英脱险后，隐居在北桥地区。

时有苏（州）松（江）提督吴胜兆（曾为明军武官，后被迫投降清军），因遭到清廷的疑忌，想谋求生路。顺治四年（1647）四月十五日，吴胜兆相约陈子龙、翁英等起事，反清复明。

结果，起事兵败，翁英即遭清廷搜捕，四处避难，又生怕连累家人，不敢再回北桥。

其父翁长元住在北桥，曾资助修葺明心教寺，寺僧犹传其遗事。闻讯，忍悲给翁英去信说："尔曾助沈犹龙城守，盍去就死，否则一方无噍类（比喻没有一个人生存）矣。"翁英遵从父命，为保家乡一方平安，向清廷自首。后来，他死于江宁（南京旧称）狱中。

曾有人相传，闵行老镇滨江的武帝阁是为了纪念翁英而建。此说牵强附会，实不可信。"武帝"向来是世人神化东汉末年名将关羽的称呼，清代被奉为"忠义神武灵佑仁勇威显关圣大帝"。清嘉庆二十三年（1818）春夏时节，当地连遭天灾，乡人更盼望得到神灵的保佑，自然想到了最为仗义的"关老爷"，因此呼吁重建已废弃的武帝阁（俗称"佛阁弄"）。事成后，李林松撰写《重建武帝阁记》，乡人立碑纪念。碑文只字未提翁英事。

“北桥五老”雅集

据《上海县续志》记载，清道光年间有应文烈与郡增生陈亦保、诸生黄紫垣、武生张彬、布衣朱采，以明心教寺内的禄玉山房为诗酒雅集处，时称“北桥五老”。

朱采，字云亭，号冶仙。撰《云间名胜》《峰泖补遗》，纂修《上海明心寺志》。

应文烈，字铭勋，一字少璩，号鹤桥仙史。内行敦笃，与人无拘束。喜读《易》，日手一编以自娱。闲来喜作诗古文词，冲夷和易，一如其人。手辑《应氏宗谱》，体例精审。擅长汉隶，工楷法兼长。精于风水之学，远近延聘，至则为之，指陈得失，审断吉凶，而其意专以劝人速葬，不使久淹亲匶为主。著有《地理核要》三卷。享年70岁。其子应斗桥，继承父业。

黄紫垣，字桐君。诸生。工书，善墨竹。

陈亦保，字肃庵。松江府庠生，书学赵文敏，兼精医学。闵行巡检沈祥熉素无病痛，而陈亦保认为其将会患有心悬气怯症。不久后果然应验，幸被陈亦保治愈，乡人均认为其医术精妙。著有《自讼斋医案》四卷。享年82岁。儿子陈能澍，字肖岩，继承父业，善地理，尤擅长针灸，著有《针灸知要》

传世。其子陈先耀,上海县庠生。其孙陈廷诰,继承祖业。

张彬,武生。

“天打郎中”陈廷诰

陈廷诰,字屦墀,北桥名医陈亦保的孙子。继承祖业行医,擅长伤寒科,不计酬也不求名,乐于行善。

光绪三十三年(1907)八月,应塘湾乡董孙望山聘归,坐轿途经莺湖庙,突遇疾风猛雨,雷电击毙两名轿夫,而他端坐轿中安然无恙,竟未发觉,还问:“狂风大雨之中,轿子停在路旁做啥啊?”事后,乡人见其命大,人称“天打郎中”,声名益噪。

名师孙华清

孙华清(1805—1877),字际康,号啸琴,北桥镇人,为清晚期本地著名塾师。

闵行镇上的李邦黻(1847—1912,乳名登儿,字梯云)是名士李林松(字仲熙,号心庵)的孙儿。年少读书时,正遇咸丰兵灾,社会动荡不安。他见母亲日夜操劳,仍难解家庭贫困,便弃学转去经商,以求改变命运。清同治二年(1863)夏,李邦黻经商到北桥,正巧路遇名师孙华清。孙华清一向器重他,见其弃学经商,便直言劝说道:“儒家子弟不应当废学,何况你是名门之后,可惜啊!”李邦黻不由深为感动,毅然回家重拾学业。后来,他成为饱学之士。

光绪三年(1877)九月二十七日,孙华清去世,享年72岁。李邦黻为其撰写墓志铭,记载了他的生平。全文如下:

横沥之北,有镇曰北桥。同治癸亥夏,邦黻避乱是乡,贫甚服贾,人服与孙氏衡相,接孙氏故有连,有笃行君子曰啸琴,君独一见刮目谓："儒家子弟不当废学也！"乱既定，会乡间有延童子师者，君力为致之，时得以温肄旧业，邦瓛之为八比文自此始，即就馆君家。君折辈行与交益，相浃久之。邦瓛馆邑中不数数见，见必握手申款语，深夜不休。最后君疾革，往视之，犹强起慰问如平时。盖君之始终，爱好者如是。光绪八年夏，其子世翰以卜兆有日，乞邦瓛为文埋诸幽，于是君之殁六易寒暑矣，呜呼！日月不居，典型长往，当日孤童孺子碌碌，迄无所成就，冥冥之中，媿负知己，而今乃操简报君于地下，虽不文其忍以辞。按状，君讳华清，字际康，号啸琴，先世家新安，自君八世祖号忆泉公始徙吴郡，为莺窦河朱氏赘婿，遂著籍上海。曾祖讳大宗，祖讳超士，考讳文镜，妣氏应，继妣康黄，本生考讳文钧，妣氏张。代有阴德，里党称善人。君少读书，通大义，已乃用圭顿家言，勤生养亲，业以大起，援例入国学，加八品衔，生平内介外和，底饬恭让，自门内以逮族敞，凡人事之当尽者，循循然殚其心与力所能致而委曲奔赴，数十年如一日，故行修而闲益彰，地方有大利害锐身坚承，一不以劳怨关怀。当庚申辛酉间，流民避寇者麇集，为设方略分棚奠居所，以哺饥庇寒，养生恤死之具无勿夙客主，绥辑民忘其灾时，贼氛密迩，乡人议捐资集练，谋诸君峻拒之，曰：兵贵控扼审形势，兹镇平夷散漫，无高山深林之阻，寇至断不可守，徒耗田捐苦父老何益？事遂寝。其后，各乡往往以团练派捐，几酿成大事，惟君所居晏然，人始大服。异时县令下乡勘验，胥保藉供张名，邻里为之绎骚。君议请每一案定给工食钱若干，着为令其弊遂革。凡此其荦荦大者，乡人至今感颂，不容口而君则退，然若未曾出诸己，终身不一自表襮人尤以为难。卒于光绪三年九月二十七日，春秋七十有二。配氏董，无出，继氏陈，婉嫕有妇德，夙夜劳勚，实兴其家，先君十二年卒。子世荃、世翰，邑诸生。女子一，适同邑监生朱耀祖长孙，乃慈弱冠能文，早卒；次乃璜、乃保、乃震。以光绪八年十一月初十日葬于本邑十八保十九图壬山丙向。本生考之茔，以两孺人祔。铭曰：

鸣鹤桥东，笃生我翁，贾名儒行，德声益隆。翁才盘盘，未究设施，

阴行众善,唯恐人知。天既逸翁,潜光弗曜,诒厥后昆,后昆德肖。我为摭实,勒诸贞珉,中无愧词,以视后人。

乔佳佑年高德劭

乔佳佑,字芳虞,清乾隆年间北桥乡十四图人。祖辈世居北桥。自幼性孝,早年丧父,故自号莪村。事父尤笃,父卒哀毁。母亲去世,又守孝三年,家境虽仍富裕,但自身节俭,尤其乐于周济困急乡亲。每逢天灾时,慷慨赈济,救活多人。为此,府县官师屡欲荐孝,乡人推举其为“乡饮宾”(乡间丰收庆典主持人),而他皆力谢之。江苏学使刘统勋(山东诸城人)旌其门额“年高德劭”。县令以其长寿奏旌,朝廷赐其八品冠服,并给粟帛。自古仁者寿,乡人称其为寿翁,享年94岁。内阁中书舍人、浙江山西主考官陆锡熊为其撰《八品冠带乔佳佑寿翁墓志铭》,刑部员外郎、中书舍人曹锡宝书其墓志。

如澈禅师

明心教寺禅师如澈(1794—1864),号碧泉,清代北桥人。自幼痛失双亲,以教寺为家。兼通儒理,善作山水画,深得“元人三昧”。年逾七旬,于清同治三年(1864)坐化。幸有《墨梅》等画作传世,名列《中国美术家人名辞典》。

马昂多才多艺

马昂,字若轩,清嘉庆、道光年间颛桥人。自幼聪慧,而年少家贫,全靠为他人补衣修鞋谋生。颛桥镇上有个米行老板见马昂为人驯谨,便问他:“你愿意跟我学生意吗?”马昂称愿意,便进了米行。这天深夜,米行老板在睡梦中听得马昂房里传来诵读声,忙起身前去诘问。马昂说:“我在敞簏中

马昂《松崖探幽图》(1836年作)

看到《论语》第三卷，本想等你入睡之后诵读片刻，结果还是打扰你了，对不起。”而老板欣赏马昂的苦学精神，笑着说：“从今以后，不论日里夜里，你尽管诵读。”于是，马昂发愤进取，凡看到士人走过米行，便上前执礼问学求教。本地耆宿闻之，都来关心马昂所学，见他颖悟过人，教以诗古文，都能通晓。马昂心地善良，认为“学需有济于世”，便刻苦钻研灵素，博考医书，以求也能救死扶伤。后来，马昂被名医陈念祖(1753—1823，字良友、修园，号慎修)招置身边，巡游各地。

马昂返归家乡后，还喜爱收藏古钱币。道光二十二年(1842)，编写《货布文字考》四卷，专考先秦刀市币铭文，有所创见。见有好山好水，便欣然作画。晚年所学仍然益进。闻听郡中叶氏家中藏有不少名画，且以“清初画圣”王翚的作品尤多。马昂前去临摹，便得其神髓，作品出众。据说，松江画师学王翚者，马昂首屈一指。

咸丰初年，马昂去世。

徐光启后裔

明代著名科学家、政治家徐光启(字子先，号玄扈)的孙儿徐尔默(字含之，号容庵，圣名多默，徐骥第四子)，生于明万历三十八年(1610)，上海县庠生，因处明末清初，终身未仕，从事农政，在今徐家汇地区建“徐家湾农庄别业”。

相传，不迟于清道光年间，有一支徐尔默的子孙从“徐家湾农庄别业”迁居到颛桥六磊塘北、横泾港东，购田耕地，自建村宅，人称“徐家墙里”。

徐氏后裔将信天主教的礼俗带到这里，逐渐影响了周边乡人。光绪年

初，徐家墙里由天主教徒捐出客堂扩建为“献母堂”，有辅助用房七间，人称“徐家墙天主堂”。后又建“吃素堂”一处。

徐家墙里今属颛桥镇光辉村十四队，村貌已发生巨变，但徐氏家族后人在这里繁衍不绝。

父子名医

朱以义，字武园，清代晚期北桥镇人。为人有至性，自幼好读书，博闻强识，却不想去应试谋求仕途。所著诗古文词，斐然可观，尤精于医，非亲故不轻诊视。其教诲子弟，一向强调躬行实践，因此朱氏世为本地望族。

其子朱洞宾，字步云，上海县学庠生。十余岁而孤，事母孝，苦志求学。师从华亭县岁贡生陈醉六，文名甚噪，但他待人谦恭，坚持勤谨。后来放弃科考，专攻医药，成为本地名医。光绪三十一年（1905），与乔锡增联手创办“北桥公学”。

颛桥老街的时代骄子

民国才子何杰才

何杰才

何杰才(1894—1969),字其伟,号仲慈,为颛桥镇西街何元兴米行的杰出后辈。幼年就读于马桥强恕学堂,才华出众,一举考入北京清华学校。1915年,自清华学校毕业后,有幸公费赴美国留学。1917年,从耶鲁大学华业,获学士学位。又入哈佛大学,次年获硕士学位。再入哥伦比亚大学,获国际公法学硕士学位。

旅美期间,何杰才曾担任《中国留美学生月报》总编辑(1920年11月—1921年6月)、《共和月报》社长、留美经济学会会长、中国驻美使馆随员、太平洋会议宣传处股长等职,著有《中日条约论》《英日同盟论》《山东问题之解决》等英文著作。

1922年何杰才回国后，在北京从事新闻工作，亲任《英文日报》总主笔、《英文世界晚报》总经理兼总主笔。

1924年，何杰才步入政界，先后担任北京政府交通部秘书、外交部帮办秘书兼机要处主任、国务院秘书等职。他年仅30岁，官职也不大，却亲身经历了北京政府的几番重大事件。

1926年，时局持续动荡，北京城异常纷乱，有志作为的知识群体因恐慌纷纷南下。何杰才随之返回政治空间宽松、文化市场发达的上海，寻求新的人生道路。

1927年3月，国民革命军到达上海后，何杰才出任上海市会丈局（后称"清丈局"）局长兼上海市代理交涉员。"会丈"为会同丈量之义，是租界内土地买卖必须要履行的一个手续。同年12月1日，他作为政要，应邀出席了蒋介石与宋美龄在上海举行的婚礼。

1928年2月起，何杰才担任南京国民政府外交部第三司司长，负责欧美事务。

一年后，何杰才再次离开政界，赋闲于上海家中。1930年，在上海交通大学等大学执教。

1932年6月19日，何杰才在上海加入新中国建设学会，这是一个为挽救民族危亡而成立的文化救国团体，以"集合全国有志致力学养、共图国家及社会之新建设"为宗旨。9月1日，学会主办的《复兴月刊》正式创刊，何杰才为专任编辑，在前八期中每期均有专文，先后发表了《外交与复兴》《满洲关税问题》《读九国公约之今昔感想》《国联处理满案之经过》《论中俄复交》《远东风云紧急中之菲岛独立案》《美国对华外交之传统政策》《日本与委任统治地问题》等文。1933年6月，在发表《国民教育与外交》之后未再刊文。

1947年，受好友之邀，何杰才到南京国民政府充当顾问，但半年后即离职。

上海解放初期，何杰才在光华大学任教两年后，因患病离职。

1969年3月20日，何杰才在上海病逝，终年75岁。

侄女何锦心（1913—1991），为著名护理学专家。

教育家施舍

施舍(1931年)

施舍(1891—1980),字养勇,世居颛桥镇南街。

辛亥革命爆发时,施舍正在南京门帘桥江南高等学堂格致科(理科)读书,听说上海发起剪辫子大会,异常兴奋。当晚自修时间,施舍与同寝室的夏桂初(闵行镇人)等六个同学互相鼓励,都将长垂脑后的辫子剪掉了。当他们走过邻室时,见一个谭姓同学正伏案读书,便转到其身后,用剪刀剪断了脑后那根“猪尾巴”。好在谭同学也不生气。一群年轻人随即一起出门,去理发店打理已剪去辫子的头发。1912年春节,施舍在上海张园聆听了孙中山先生的演讲,深受鼓舞,更坚定了为民族复兴而奋斗的信念。

施舍走上社会后,先后在马桥强恕学校、上海和安学校、养正学校、敬业学校等校执教。1929年,他返回家乡,担任上海县教育局督学。1930年起,担任上海县教育局局长,锐意革新,业绩显著,颇具社会影响力。1932年,出任中华职业教育社总务主任及第一中华职业补习学校校长。1937年,与秦锡田、黄蕴深、乔念椿等发起建立上海邑庙(城隍庙)董事会。1939年起,担任震旦女子文理学院附中教员。1945年10月起,在上海市社会局兼职。

1951年,施舍60岁,著名文学家姚鹓雏(1892—1954,字雄伯,松江人)特为其赋一首《浣溪沙》:“只十霜颠独感春,曙鸡啼罢倦吟身。轻衫且许浣征尘。百瓮黄齑天玉女,半生铅椠墨磨人,聊凭一笑度芳辰。”

1956年后,施舍为上海市文史馆馆员。

1980年1月20日,施舍在上海病逝,享年88岁。

“江苏怪人”张翼

少年时代

张翼(1899—1975),字凤三,1899 年 6 月 5 日(清光绪二十五年四月二十七日)出生在颛桥镇北街 35 号张氏松鹤堂。

张翼自幼在父亲张国华创办的学堂里就读,他聪明可爱,才貌出众,令乡人关注。1913 年,15 岁考入设在闵行镇西浦滩的上海县立乙种农业学校,学习农艺。1917 年,从农校毕业后,经友人介绍,进上海商务印书馆工作。

年仅 18 岁的张翼在商务印书馆业务科任办事员,勤劳肯干,刻苦好学,结识了不少热心于教育事业的人士。

遗憾的是,张翼身体较弱,不到三年就因病辞职回乡。

张家秘事

张国华娶妻王绣征(生于 1874 年 1 月),先后生有三子三女。长子张翼,字凤三;次子张翀,字凤硕;季子张曜,字凤皋。三个女儿分别嫁给颛桥陈振邦、闵行夏家、颛桥吴家。

眼看张翼已 20 出头,父母张罗着让他成家。

颛桥镇郊庄家塘有一大户人家早已看好张家,再三派人到张家来提亲,说庄家有个“大小姐”如何出众,与张家“大儿子”如何般配。

张国华夫妇爽快地同意了这门亲事,并开始忙于给大儿子分户立灶。按本地风俗,分屋居住即分立门户,分立灶头即自成一家。

不久,张翼结婚成家了。

嫁进张家门的庄大妹(1894—1969)比张翼年长5岁,虽不识字,却手勤脚健,善于勤俭持家。而张翼却对新娘没有多少感情,只因难违父母之命,不得不结婚,却就此不愿在家中多待,寻找各种机会外出奔波。

张翼的母亲王绣征极为慈祥和善,尤其偏爱大儿子。张翼明理,事母至孝,远近闻名。乡人相传,夏季里蚊虫多,为使母亲入睡后免遭蚊咬,张翼会先赤膊钻进母亲睡床的蚊帐内,让躲藏在蚊帐内的蚊虫咬自己,随后再让母亲入帐上床安睡。他的举动令母亲甚为惊喜,便对其更加爱护。后来,每当演讲到爱的话题,张翼总是以母亲为例,加以描述和赞扬。

张翼小夫妻俩没有共同语言,相处冷淡,但从不吵架,好似什么事也没有发生。乡人不知内情,只是为他俩久久没有生育而表示遗憾。

张国华逐渐明白儿子的心事,但木已成舟,只得顺其自然。这种局面也促使张翼将心思全部扑在他所喜爱的事业上,广阔的社会舞台弥补了张翼对精神世界的追求。

张翼的祖母晚年患病之后,时任颛桥乡议会议长的父亲张国华坚持亲自侍奉,寸步不离,夜夜仰天祷祝。母亲去世后,张国华悲哀难止,以致伤心成疾。1923年,他一病不起,抱憾逝世,年仅49岁。

学当校长

1920年,经父亲张国华推荐,张翼到颛桥乡立镇冈小学堂执教。这所小学堂设在镇冈庙内,招收本地学生40人左右,只设一个初等学级,全年教学经费只有360元,教师只有张翼一人,自然被称为校长。

张翼首次成为“孩子王”,索性搬到校内住宿,日夜操劳,干得有滋有味,

因此将家中的一切烦恼全丢掉了。

在镇冈小学,张翼忙了5年多,使学校面貌大有改观,也使他得到历练,提升了独立支撑局面的能力。

1924年7月,经选举,施其光当选为颛桥乡乡董。张国华去世后,他对张翼倍加关照。

1926年1月,施其光大胆起用张翼,将他调任颛桥乡立第一初级小学堂校长。当时的颛桥小学,以位于老镇南街街口的华阳庙后殿为校舍,只设复式两个班级,与社会需求严重脱节。

张翼不负长辈期望,有志大干一番事业。他到任后,立即全力筹资,新建了一幢六上六下的新校舍。9月,罗网良师,增设高小班级,扩展成为完全小学。次年,又商借乡公所办公室作为教室。1929年,由县教育局拨款和地方人士捐助,又增建校舍六间,扩充体育场,更名为"上海县颛桥小学校"。

奔赴晓庄师范

当时,著名教育家陶行知(1891—1946)大力倡导"办乡村教育",提出"教育必须下乡""知识必须给予农民"的号召,并大胆实施"生活教育"。

张翼对陶行知主办的"中华平民教育促进会"仰慕已久,得知他在南京创办晓庄试验乡村师范,就写信联系,希望有机会前去进修。

晓庄在南京北郊崂山脚下。1927年3月,晓庄试验乡村师范开班。9月,晓庄试验乡村师范招收第二批学生。陶行知命名晓庄礼堂为"犁宫"、图书馆为"书呆子莫来馆"。11月,陶行知校长创作《锄头舞歌》,作为晓庄试验乡村师范的校歌。歌词曰:"手把个锄头锄野草呀,锄去野草好长苗呀,绮雅嗨,雅荷嗨,锄去野草,好长苗呵,雅荷嗨;五千年古国要出头呀,锄头底下有自由呀,绮雅嗨,雅荷嗨,锄头底下,有自由呵,雅荷嗨;天生了孙公做救星呀,唤醒锄头来革命呀,绮雅嗨,雅荷嗨,唤醒锄头,来革命呵,雅荷嗨;革命的成功靠锄头呀,锄头锄头要奋斗呀,绮雅嗨,雅荷嗨,锄头锄头,要奋斗呵,雅荷嗨。"

张翼对陶行知的教育思想产生了浓厚的兴趣，再三请求上海县教育局，希望同意其暂弃现职，专心赴南京晓庄试验乡村师范（后改名为“晓庄学校”）进修。

1928年8月，张翼终于获准放下校长事务，奔赴晓庄学校，以实现自己的夙愿。

张翼进校时，正遇由陶行知校长倡议、冯玉祥赞助建立晓庄“联村自卫团”。参加自卫团的有晓庄学生及附近农民百余人，进行军事训练，保护附近农民免受土匪骚扰。张翼年近30岁，与大小同学一起参加训练，增强体质。

不久，晓庄学校成立“晓庄科学社”，由学生自行研究，做些专题讲演，以采集、制作生物标本为主，并设立社会、农事、形艺、音乐、数理化、医药卫生、儿童文学等组织。

谢绝当官

1928年10月，蒋介石从南京到晓庄学校来视察，看到这里生气勃勃，人才济济。他接见了在校进修生，希望他们转到南京国民政府去工作，谋求更广阔的发展空间。

不少进修生心动了，而张翼却十分平静，不为所动。他的想法很纯粹，也从未想过要去做官、发财。

因此，当蒋介石直接询问他的意愿时，张翼当即表示，自己志在地方教育事业，才来到晓庄学校进修。

张翼的婉言谢绝，获得了陶行知校长的赞赏。由此，张翼引起了陶校长的特别关注。

陶行知仅比张翼年长8岁，但在张翼眼里，他比自己父亲更加可敬可亲，他是自己最值得效法的人生楷模。于是，他寻找一切机会，主动与陶校长沟通，讨教教育思想和教学方法。

陶行知校长在谈及“晓庄精神：乐观精神、革命精神和团结精神”时，指出：“我们办好乡村教育，要改造乡村社会，总须有宽阔的胸怀和奉献精神，

捧着一颗心来，不带半根草去。”他最乐意阐述“生活即教育”“社会即学校”“教学做合一”等理念。

张翼像海绵吸水一样聆听陶校长的教诲，深感心明眼亮。他体会到，改造乡村社会，是自己的责任，是实现理想的主要途径。

陶行知对这位来自乡村教育第一线的学生非常赞赏，进修期满，欣然为张翼题赠了一副书联：“吃得苦上苦，方为人中人。”此联成了张翼终生奋斗的座右铭。

赶上时代机遇

1928 年 7 月，南京国民政府组建上海特别市政府后，实行市、县分治，上海县境减缩至仅存七个乡和闵行镇。行政区划的重大变化和地方教育事业发展，给本地青年知识分子创造了大显身手的时代机遇。

未满 30 岁的张翼是幸运儿，从晓庄师范回来，即调入上海县立乡村师范学校和县立初级中学任教(两校校舍合用，教师合聘)。

当时，县立乡村师范学校正处于初创时期，校内事务十分繁杂。张翼始终任劳任怨，充满干劲，还积极参与订制教学纲要，为发展家乡的平民教育献计献策。同时，他还发挥所学之长，在闵行老镇帮助开展民众教育活动。

两年前，闵行镇上的几位青年教师，在大雅轩茶园二楼创建了闵行民众教育馆，组织民众开展图书阅读、文艺娱乐、卫生宣传等活动，设有问字处、代笔处，指导民众学习文化知识。1929 年 8 月，闵行中心小学负责人金作宾(江苏省立水产学校毕业)接任馆长。

张翼时常利用课余时间赶去帮忙，参与民众教育实践活动，就此与金作宾结为好友，为日后的广泛合作打下了基础。

创办农教馆

1928 年 1 月，上海县教育局奉令筹设县立农民教育馆，筹建委员会购下颛桥镇东郊中山路靠近沪闵路的“贰贰居”改建为校舍,另建一座演讲厅。馆舍落成后,又购定农场田地,特聘张翼出任上海县农民教育馆馆长。

据当时在上海县教育局担任总务科文牍的秦伯未(1901—1970,名之济,字伯未,号谦斋)所撰《农教馆之回忆》记载:张翼任馆长“并非吃的现成汤圆,所有计划筹备,出诸一人之手,可谓辛苦备尝。常常饿着肚皮,满头大汗,跑到局里来商量,经费不能按期发放,他愿私人垫用,建筑没有款可拨,他会私人借贷,一种诚恳而苦干的精神,确实不可多得。当时局里有许多同事,笑他有些戆劲。谁知社会上一切事业,却都成功在‘戆大’身上呢”。

1929年8月1日,上海县农民教育馆正式开馆,因地处颛桥镇,又称“县立颛桥农民教育馆”。初设总务、教育、农事、娱乐、卫生、调查、推广等七个股。办馆经费由县所收锡箔捐支付,每年约1 400元。

这时,张翼还身兼颛桥小学校长职务,尽管日常事务缠身,忙得他每天连续工作近20小时,他照样毫无倦意,有志全力践行平民教育思想,亲手创办一个前所未有的农民教育馆。

经过一年的试运转之后,张翼大刀阔斧地进行调整,馆内改设总务、农艺、教育、推广四股,张翼兼任总务、教育股主任,金荣林任农艺、推广股主任,另有陈友坎、朱伯琴(塘闵小学教师)任助理干事,康春照任专职农夫。

在这一年里,馆内设施不断完善,增建畜舍三间,租用民房三间,农场农田扩充到二十二亩。辟建了农教路、血汗路等。馆内开设了农民图书馆(藏书1 371册)、农民阅览室、运动场(取名“待旦场”)、演讲厅(取名“崇农厅”)、农产陈列室、医药室等。农场分蔬菜区、作物区、果树区、花卉区、试验区、畜苗区等。

像模像样的大舞台搭建起来了,张翼满怀激情,有志大干一场。他设定的施教目标是“增进农民智能,改造农民生活,提倡农村合作,发展农村自治”。他计划先从语文教育入手,推动各项教育。在馆务会议上,他经常强调自己的主张:“要用宗教师的手腕接近农民,用慈善家的心灵联络农民,用集会的方式组织农民,用科学的方法教育农民,无论在馆内,还是走在田野、

农家、茶园、会集、村庄，运用谈话、访问、集合、演讲、比赛、展览、合作、示范、辅助、救护、文字、图画、歌曲、表演等各种方式，全面开展工作。”

1930年7月，位于无锡的江苏省立民众教育院（即劳农学院）开办社会教育暑期学校，张翼和闵行民教馆馆长金作宾、马桥图书馆馆长张櫄奉命一起前去学习了四个星期。

迎难而进

上海县农民教育馆地处颛桥及北桥地区，时属上海县第三行政区及第三民众教育区。当时，田野封土丛丛，耕地日渐紧缩，农家副业以纺织、渔、畜为最，近年土布销路狭窄，渔畜缺乏投资，乡民生活难以安定。

面对这样的社会环境和基本条件，张翼认为，农教馆的工作必须以农民为主体，以生产为中心。于是，他动足脑筋，采取一系列措施，着手对乡民开展生计教育。首先做了一番本地农民生计调查，摸清农家耕地分配、农作物面积比较、经营成本、农家副业生产、农家全年收支、盈盈户数统计等情况。

随后，张翼在农科机构指导下，选择江阴白籽棉、金大26号小麦、马铃薯等优良品种，进行示范推广，促进本地农业生产。每年确定二三十家特约农户，由农教馆提供种籽和指导，农户加强田头管理，以便推广良种，在探索提高产量的方法后，予以推广。同时，在闵行、塘湾、北桥、陈行、三林等乡以及彭家河、横石桥等地建立示范农田，推广江阴白籽棉。

1930年11月18日，农教馆第一次举办农具展览会，展出了玉米脱粒器、打稻机、镰刀散播器、中耕器、九齿耙等新式农具，现场示演，观者如云。

次年6月4日，农教馆举办麦作展览会，进行评比。11月12日，又举办第一次农产展览会，评选出获奖的二十多户农家。

张翼还邀请农科人员下乡，改良种籽和农具，推广先进的耕作制度和技术，有力地促进了本地农业生产发展。

耕牛比赛别出心裁

1930 年 11 月 8 日，上海县农民教育馆举办第二届耕牛比赛大会，江苏省农矿厅派第六科科长和上海县相关部门官员到场，并在当月《农矿通讯》做了报道。在比赛会场内，张翼有心组织了演唱《老牛歌》《锄头舞歌》等“乡土文娱节目”助兴，还有演讲宣传、新农具试用演示等，热闹非凡，人称“破天荒”。

11 月 13 日，农教馆又举办第三届耕牛比赛大会，有 254 头耕牛到会参赛。

1932 年 10 月 30 日，农教馆又举办第四届耕牛比赛大会，有 406 头耕牛到会参赛。

“牛是农家宝，种田少不了”，可是人们喜欢吃牛肉，市场销路好，因此本地贩卖耕牛，随意宰杀之风不绝，直接影响了农业生产。为此，1936 年 11 月 16 日，张翼主持召开颛桥乡村改进会第三十二次会议，专题讨论保护优良耕牛问题。大家一致同意张翼的主张，应由上海县政府发示布告，禁止贩卖优良耕牛，并要求县政府通知各保甲长做好劝导工作，县政府应将各保甲长的工作成效记录在案。他的呈文上报后，上海县政府即发出民字第 1527 号布告，要求全县各地禁宰优良耕牛。

当年 12 月 24 日，上海县农民教育馆在馆内举行盛况空前的第七届耕牛比赛，政府实业部、社会局、教育局官员到场，招待处设在崇农厅，登记处设在农教路及血汗路，牛场设在待旦场，参赛的公牛、水牛、黄牛等均以年齿分为满口组、六牙组、四牙组、二牙组、笼头组、其他组，上午检验耕牛体形，每组体形列前二名的耕牛下午检验体力，评判分预赛和决赛，热闹了一整天。《申报》报道称：“此届耕牛比赛，计参加耕牛四百零五头，到各界代表及民众二千余人，盛况为空前未有。本届评判耕牛，除审查体形外，并检验其体力。其体力审查标准如下：一、耕田能力。四牙者耕四分之一亩，六牙者耕半亩，耕之深浅规定二寸，不准用人为方法驱策之。二、评分标准。速度三十分，均匀三十分，直度

二十分,呼吸情况每畦十次二十分。三、选择总平均第一、二、三时,以形体为标准,不计体力。”最终评判结果,万生农场获得总分第一。

深入推进

1931 年起,33 岁的张翼以上海县教育会干事的身份担任上海县教育行政委员会委员,并代表县立社教机关担任教育经费稽核委员会委员。

同年 4 月 10 日,上海县成立民众教育委员会,首次会议决议:识字教育分年普及;进行注音符号教学;民众教育以生计教育为中心,从指导合作、提倡副业入手;识字之标准至少以能书写本人简单履历为准;以基本字编成识字教材;教学时间要按民众生活情况而定。

上海县农民教育馆的工作随之全面推进,成效愈发明显。

1931 年 4 月起,上海县掀起声势浩大的识字运动,县长、教育局局长亲自督阵,张翼被他们指定为“开路先锋”。4 月 20 日下午,张翼组织举行识字运动宣传周开幕式,到处张贴宣传标语“识字是民族文化的基础”“有眼不识字,吃苦一生世”“识字不怕年纪大,读起书来快活多”。

为推进农民识字运动,张翼动足了脑筋。组织在民治乡赵宅、桐桥、颛桥南宅倪宅和茹宅、民有乡王宅开办民众学校,为方便农民识字,有补习夜校也有早晨补习班。又在沪闵公路公交汽车站旁的空地上开设“露天学校”,每天上午、下午各上一小时识字课。在厍桥乡夏宅、赵宅、康宅范围内,每天上午摇铃召集上课,天好在屋外,下雨进室内,人称“流动学校”。张翼还派学员在当地广设问字处、特约代书处,颛桥地区掀起了识字补习的扫盲热潮。

1932 年 8 月 7 日,张翼正式辞去颛桥小学校长职务,全力以赴主持农教馆工作。农教馆工作人员增加到七人,张翼仍兼任教育股主任,另有凌志英任农艺股主任,张晋康任总务股主任,茹伯才和陈可敏任推广股主任。

从第二学期开始,上海县农民教育馆组织乡村小学生开展养鸡活动,促进家庭副业生产。

1933 年 6 月 10 日,张翼在刚落成的上海县政府大厦组织举办的“上海县第二次农展会”隆重开幕。展会口号为：改良农事技术，推进农事生产，增加农事智识，打起农事研究，加造国货材料，抵制舶来货物，发展农村经济，改善农民生活，努力农村复兴，图谋人群进化。

12月6日起，上海县农民教育馆为提倡农村妇女职业教育，特开设“农村妇女补习学校”，专收14岁以上妇女，授以织布、缝纫等技术。同时，设“小工艺传习所”，招14岁以上男女，授以家庭实用工艺。

本地农家流行在农历八月十五中秋节前后祭祀土谷神，热闹一番，俗称“青苗社”。张翼认为在当前困难时期，不宜提倡此风俗，而应当全力促进农业生产。但对于自古流行的风俗如何因时改良呢？张翼自有他独特的办法。上海市农会《沪农》月刊1934年第3—4期合刊报道《颛桥农教馆利用青苗社实行农产展览》称：“上海县农民教育馆馆长张翼，有鉴本县各乡农民，每届新秋，例有青苗社之举，迎神设宴，召戚呼朋，每年所费不赀。际此社会经济涸竭，农村破产之时，自不应再有此种糜费，故此次本省六区社教研究会对此事有改善之提议，该馆及乡村改进会经召议讨论之后，决定利用青苗社而实行农产展览，不迎神，不设宴，庶名符其实而得节省民财，并决定先从基本施教区域入手，俾收成效。（九月）二十九日为该馆基本施教区康家村青苗社之期，经张馆长召集该地农民举行谈话会，经张君再三解释，并晓以时艰，当即决定改为农产展览会。想青苗会之改革，可从此发端矣。”

张翼看到本地河流交叉，河塘地适宜养鱼，可成为农民家庭副业。于是，他先在叶家浜组织养鱼实验，取得经验后进行推广。1935年，农民教育馆特地从太湖地区采购了大批鱼花，有青鱼、鲤鱼、白鱼、白鲢、黑鲢等多品种，专设两处鱼场，用新法配制食饵，形成示范区。随后，举行为期一周的养鱼运动，让农民前来参观，以推广新法养鱼。乡人闻讯，纷纷到农教馆来订购，家庭养鱼就此很快在颛桥乡村形成了规模。

土布运动会

1932年元旦，张翼组织在农教馆举行了上海县第一次国货展览会，征得展品 7 348 件，分成染织、饮食、教育用品、医药用品、艺术品、手工制品、工业原材料及其他，共八大类。展览七天，第一天为“染织品运动日”，第二天为“饮食品运动日”，第三天为“教育用品运动日”，第四天为“医药用品运动日”，第五天为“艺术品运动日”，第六天为“手工制成品运动日”，第七天为“工业原材料运动日”，每天邀请专家演讲，或放映电影，或有文艺演出，场面极为热闹。

最令人击节赞叹的是张翼倾心组织了“土布运动会”。

上海县是元代棉纺织革新家黄道婆的故乡。明清时期，本地农民大多以植棉为主，并以土布纺织为主要副业，以补耕种之不足。每逢立秋至次年立夏前，家家忙于纺纱织布。女子出嫁时，至少得备上六匹自织土布作为嫁妆，并压在箱底备用应急。本地自织土布的品种主要有芦席花布、洋壮稀布、雪里青布、斜纹布、稀布等，且花纹极为丰富。土产棉布是本地农民主要生财之道。在“九 · 一八事变”以前，全县土布生产事业十分发达，推销到东北三省一带者，年收入不下百万元。自从东北沦陷后，因战事关系，商运不通，全县土布无法运销。同时，日本人在东三省对中国货物故意提高税率，以实行其倾销日货之阴谋。运往东三省的土布，每包纳税银由过去的七两增至二十七两以上。这样，即使战事平靖，河运可通，本地土布因税率关系，亦必无法推销。因此，全县土布业完全陷入了绝境。而本省市场上，因美艳的舶来“洋布”日趋行销，土布显得质粗色暗，愈发销量不佳。

眼看这局面直接影响了以植棉织布为生的农民的命运，张翼感到无比焦虑，苦心寻找摆脱贫困的道路。他决心顺应正在全国各地兴起的“提倡国货”运动，大办“土布运动会”。

1932 年 6 月 6 日，张翼主持举办的第一次土布展览会在农民教育馆开幕。事先征得土布（俗称“老布”）1 360 余匹土布，经评审，选出 837 匹，分别编号，加注说明。

6 月 13 日，“上海县土布运动大会”移到上海老城厢蓬莱路中华路口的蓬莱国货市场，连展三天，并在现场开设“上海土布商店”，号召国人“服用土布救中国”“节俭实用为最好”，唤起广大民众的爱国意识，促进乡村土布生产，挽救濒临破产的沪郊农村棉纺织业。

6月15日举行闭幕式，蓬莱市场创办人、近代著名实业家匡仲谋(名启墉，无锡人)亲自上台宣讲提倡国货的意义，胡蝶、陈玉梅、高倩萍、夏佩珍等十多位电影明星身穿土布旗袍，一起登台亮相，观众为之轰动。所展出的土布，图案新颖，色彩自然，质坚价廉，被人们争购一空。一时，沪上淑女争相以穿土布为荣，认为不仅仪态朴素大方，更体现了爱国情怀。上海中学、务本女中等学校即统一用大芦纹土布做成校服，学生们纷纷穿上土布学生装或土布旗袍，奔走四方，广泛宣传。上海《申报》报道了这一盛况，称赞张翼与“土布运动大会”。

在上海城区展出后，土布展览会还到三林、陈行、塘湾、北桥、马桥、闵行等镇巡回展出。

10月2日，张翼又征得942匹土布，到沪西泰兴路(原称“麦特赫司脱路”)465号清凉禅寺举办了第二次上海县土布展览会。

10月10日，上海市社会局在蓬莱市场举办国货展览会，为扩大宣传，特地借了一架中国航空公司飞机，下午2时在南市空中散发10万余张传单。上海县农民教育馆应邀前去开设土布商店，售出土布2 000多匹。

10月15日下午，上海县农民教育馆与上海市社会局、上海农会、上海商会、上海市立民众教育馆、太嘉宝土布改进会、上海县教育局、上海土布商店、中国布衣会等机构联合筹备(张翼被推选为筹委会三名常委之一)的“上海土布运动大会”在市立民众教育馆(上海文庙明伦堂)举行开幕典礼，张翼为主席团九名成员之一。会展宗旨是“提倡土布，救济农村经济”，活动为期15天。

11月12日，上海县农民教育馆举行第一次棉作展览会，推进棉花生产，强调棉花质量。

张翼组织的这一项又一项上海土布展览会产生的效应，很快扩展到苏、浙两省，杭州、嘉兴、无锡、苏州等地相继仿效举行土布展览会，产生了巨大的社会影响。政府因此明令免除土布出口税及土布商店营业税。

改良土布生产

在土布展览会成功举办的基础上，张翼着手改良土布生产，联络机械界、染织界好友，召开土布改良讨论会，募集股款六千元，创立了两所土布织布厂（一所厂名为“真善美”），拥有 15 架织布机，自织自染，门面加阔，花样繁多，鲜艳夺目，而且色泽不退，较之舶来品无多逊色。还特约本地织布高手拿出六种新式土布，送到蓬莱市场土布商店销售，受到市民广泛好评。随后，张翼建立土布传习所，劝农民停织白布，除改织芦席纹外，还劝农民依照洋货花式图案纺织。乡间妇女纺织者日渐增多，新式土布生产迅速遍及农家，本地土布生产出现一派新气象。过去本地白布盛销到东三省时，织布者每日可收入小洋一角，而如今自织者可得大洋一角五分，织布厂中的女工可得大洋二角以上，足够一日乡村简单生活的开销。

为此，新闻记者李二白专程前去做了采访，撰写《参观上海土布商店》一文，而且特加题注“式样翻新，极尽摩登化；价格便宜，远胜舶来品”，刊登于《上海周报》1933 年第 22 期。他看到蓬莱市场上海土布商店橱窗内陈列的各种布匹，五花八门，鲜艳夺目，简直可媲美洋货商店。入门后，店职员殷勤接待，绝无市侩习气，并详述帝国主义者实施经济侵略之手段，我国土布事业之危机，以及该商店组织成立之情形，爱国热情溢于言表，令人肃然起敬。他在店内巡视一周，只见陈列的布匹有数十种，凡大衣呢、花呢、斜纹布、芦席布、直贡呢、围巾布，无所不有，而且无一件比舶来品差。最引人注目是一件土布大衣呢制成的时装大衣，式样时髦，花纹雅洁，而不论男女价格概为八元五角。比舶来品更优美经用，而价格不及其三分之一，诚可谓价廉物美。还有一种围巾布制成的围巾，异常美观，而价格不过数角，一般女学生都会争购之。他再查店中所售土布的原料，全部为申新厂的国产棉纱，因此可称为纯粹之国货。为此，记者盛赞“上海县民教馆张翼纠合同志，实行改进村纺织事业，推行土布销路，一年以来惨淡经营之效果，成绩斐然”。他还强烈呼吁：“今日市上各商店大减价出售之布匹，表面上大书国货字样，实则大部分为冒充之日货,故予甚愿爱国的士女们,如不甘为亡国奴,不甘为日货推销员,有志服用国货者,应该到上海土布商店去购选真正的国货布匹。更希望各地有志之士,借救农村经济的危机。勿让上海县属诸志士专美于前。”

1933年4月25日,张翼又组织举办了第四次土布展览会,展示大量本地生产的新型土布。

提倡服用土布

1932年8月,颛桥农教馆组织建立“服用国货布衣会”。张翼得知南京行政院“农村复兴委员会”召开会议,即发去电报,提出主张。电文如下:

> 行政院农村复兴委员会诸委员钧鉴:织造土布为我国农家重要副业,江海一带恃以为生者数百万户。土布价廉耐用,为最经济之布料。清之曾公,今之于氏,提倡甚力。近年以来,内以国人之日趋虚縻,外以列强之经济侵略,土布销场日以低落,农民生计益形困顿,若不予以救济,其危险诚不堪言者。去年上海县农民教育馆改良土布,提倡服用,已得爱国爱乡人士之同情,惟外物倾销,有加无已,国货提倡,有赖高贤,今值贵会在京集会,敬乞诸委员作进一步之计议,以开农民生活之路,而奠邦国万年之基,不胜企祷之至。

上海土布运动的影响和提倡服用土布的呼声随之不断扩大到全国各地。当年9月,张翼向全国各地省政府发出提倡服用土布的通电,电文如下:

> 农民不幸,屡告饥馑,去年旱灾,今岁水患,残伤元气,尤为惨痛。除急赈外,以提倡副业为重要,江海农民主要副业,为织造土布,土布之改良推进,迭蒙中枢及各省、市、区党政领导同声倡导,各地民众亦逐渐服用。唯外货涌进,有加无已,提倡土布,非集中力量,厥功甚微。为

此，电请主席俯念提倡土布，足以救济危亡，恳予通令所属一体服用，以维民命，而杜漏卮，不服感祷之至！

当年9月16日，江西省政府主席熊式辉率先积极响应张翼的呼吁，立即发出训令，通知省内所属机构统一服用土布，批示强调："事关提倡国货，自应准予照办。"

9月19日，张翼组织了土布运动四周年纪念活动。次日上海《申报》即报道《颛桥农教馆昨日开会土布运动四周年纪念》。

10月13日，上海《新闻报》报道《上海县教育馆电请市府提倡服用土布》。

改良风俗

张翼十分注重乡村移风易俗，倡导时代新生活。他熟悉乡民心理，又善解人意，头脑灵活，手法幽默，因此创新之举接连不断。短短几年内，农民教育馆创办了两处农民茶园，备有书报阅览，定期派员演讲。还建立了婚嫁改进会制度，经常召开敬老会、主妇谈话会，每年评选模范家庭，从而使当地乡风日益清新，乡民素质得到持续提升。因此，颛桥地区时常"出新闻"，当年的书报杂志上经常刊发这里的新动态，

为推进公民教育，张翼经常组织乡村领袖召开座谈会，称作"乡村改进会"，富有针对性地专题讨论乡村生活存在的问题和应对措施，整理村容野貌，改善人际关系。针对野外停柩现象，张翼筹设公墓，先由他每月捐四元，茹伯才每月捐二元，贮满二百元后购地亩许，建立了"便宜公墓"。

农教馆在第一推广区李家宅、庄家村、沈家堰组织了律和国乐社，凡遇农家喜事或公共集会，都做公益表演。农教馆内每两个月举行一次"同乐会"，自演自乐。夏天举办"消夏会""啖瓜会""村友联欢会"。农教馆组建了一个青年业余剧团，取名"光益社"，排演出文明戏《孔雀东南飞》《空门媳妇》和通俗曲艺，到乡村巡回演出，活跃乡民文化生活。还组建了颛溪联谊

社、青年文学社，张翼亲任社长，引领本地青年移风易俗，为乡村教育出力。

1932 年，张翼为在乡村灌输科学育儿常识，促进村民健康起见，别出心裁地在上海县农民教育馆组织起“小村民康乐会”，举办少儿健康比赛。据1935 年《民众教育通讯》第 9 期《县立颛桥民教馆奖励健康小村民》记载，当年 10 月 31 日，“小村民康乐会”举行第四次大会时，“到男会员二百三十名，女会员二百一十三名，来宾二百多人，气象甚盛”。张翼邀请了国立上海医学院苏德隆、中华职业教育社陆叔昂等 9 名专家前来担任体格检验员。比赛结果，朱瑾权、金剑小朋友获第一名，有八名被评为“标准儿童”，获奖儿童甲组 17 名、乙组 15 名、丙组 8 名、丁组 13 名、戊组 11 名、己组 17 名、庚组 7 名。

1933 年 3 月 27 日，上海《民报》报道：上海县农民教育馆设农民图书馆，“馆址在沪闵路颛桥中山路畔贰贰居原址，备有适合农民阅读之图书报纸，并设馆外阅读处，供给一般人之需要；巡回文库四组，给农民茶园及农民学校，天心河各处，业务日渐发展。该馆馆长张翼为利阅读者方便起见，经第 178 次馆务会议决议，将馆迁至西北偶茹姓民房，附设代书处，为农民服务。”

上海《妇女共鸣》杂志 1935 年第 11 期刊发《颛桥民教馆举行主妇谈话会》一文称：“颛桥民教馆桐桥办事处，(十一月)六日举行主妇谈话会，出席张(翼)、茹(伯才)氏等七十余人，由金荣林主席报告谈话之意义，儿童年之意义，以及家庭教育之重要，整洁问题与主妇之责任。情词恳切，听者动容。末由各主妇互相猜谜，说笑话，吃糖果，尽欢而散。”

1936 年 10 月 2 日，上海《申报》报道《颛桥婚嫁改进会将举行示范婚礼》称：五年前，张翼、茹伯才等发起建立“颛桥婚嫁改进会”，四乡婚嫁风气逐渐好转。“其所订规约，颇合新生活条件，而尤切于节约运动所注意之各项。近以国难严重，复兴民族之不遑，对于婚嫁之改进，认为关系重要。乡间习俗，秋冬春三季为婚嫁之季节，爰特征求会员，改订规约，在礼节中，除讲演总理遗教，宣读公民信条外，并由新郎新娘立誓，勉作新民。自本月份起，凡会员新婚者均已遵照实施。”

浊世怪人

经过张翼的不懈努力,短短五六年时间内,颛桥镇及其周围地区的面貌大变,农业濒临破产的局面得到改善,乡村建设迈开了步伐。中华职业教育社在赵家塘的实验取得成功,被列为沪郊农村教育"改进区"示范点。

中华职业教育社"漕河泾农学团"主持人、教育家黄齐生(王若飞的舅父)参观后,感慨地说:"校长张凤三君朴实耐苦,以身作则,天未明,即起身","张君除小学校长外,尚兼农民教育馆馆长、颛桥镇镇长、区分部执行委员。所入薄而责任重,此以见人才之难"。

说起张翼的个性,确实与众不同,非常人可及。

平时,张翼以"字凤三"行,因此本地人称其"张凤三"。他文思敏捷,有一支雄健的笔。他有演讲天赋,能使听众捧腹酸鼻。他每天天未明,即起身,时常连续工作 20 小时以上,感到倦意时,便会跑到门外像黄牛吼道那样大声怪叫。他公正热情,又善解人意,因此办公室里来人川流不息,甚至每天未到上班时间就有十多个民众等候他帮助调解或做出判断。他有远大的目标,却总是从最现实的小事着手做起,办事先做摸底调查,汇报工作绝不弄虚作假,一次颛桥联防会议上,他竟然一口气罗列了 104 条办事细则,令人叹为观止。他生活简朴,不嗜烟酒,粗茶淡饭,常年一套土布中山装,一双旧皮鞋,短途出行安步当车,沪闵长途公交汽车公司经理李宗武送给他一张免费乘车证,而他始终没有使用过,乘公交车时坚持购票。

迈上新起点

1934 年 6 月 17 日,省立俞塘民众教育馆在"庆棠厅"召开社会教育研究会,钮永建、俞庆棠到会发表演讲。参加者有上海、南汇、川沙、奉贤、松江、金山、青浦、嘉定、宝山和太仓等十县教育局及 59 所社会教育机关。张翼有幸参加了这一系列活动,随之信心满怀,立志更加有所作为。

1935年2月15日，省立俞塘民众教育馆创办《社教通讯》杂志，并发起建立沪郊农村工作协进会，张翼为发起人之一。颛桥农教馆举办的棉作展览会和新实施的办理特约农田措施，成了沪郊新闻。

3月14日，沪郊农村工作协进会在俞塘民众教育馆内召开，张翼所敬重的钮永建、黄炎培、陶行知、江恒源、姚惠泉等都赶来出席成立大会。张翼作为个人会员名列第一，颛桥农教馆为团体会员。经选举，张翼当选为协进会理事。与会者一致认为“第一步拟先从上海到闵行到松江的沪闵、上松两条汽车路旁先行下手，好在中华职业教育社办的农学团团友已散布在沪闵线上工作，省立俞塘民众教育馆的事业沿上松路发展，县立及公私立各社教机关如颛桥、闵行、马桥等民教馆，均有特殊的成绩，为沪闵、上松两路民众所利赖，今后再联络了这两条路线上的中小学、医院及党、政、教各机关。从整个计划上分工合作，而以同一目标努力进行，不问收获，但问耕耘，光明在望，前途可期。一俟上海县内农村工作办得有相当成效后，第二步即推行至上海附近各县”。会议号召“实干、苦干、快干，改进农村，建设农村，使农村现代化，使中华民族复兴”。

这一天，张翼与黄炎培、陶行知、姚惠泉等难得相聚一堂，交谈了很久很久，话题很多很多。

无奈迎战

然而，天有不测风云，侵华日军占据我国东北三省之后，疯狂向南扩张，战争的烽火正在逼近江南地区。

时局的变化，使张翼从兴奋转为愤怒，他的心被步步逼近的战火烤焦了。他不得不放下手头的工作，赶到俞塘民众教育馆去，了解时事，研究对策。

1937年夏，“八·一三事变”的战火笼罩上海滩，打破了市郊的安宁，也激怒了张翼。他满怀爱国热情，放下农民教育馆的一切事务，四处奔走呼号，紧急发起成立“上海县各界抗战后援会”，组织力量全力支援淞沪前线抗战将士。

中华职业教育社的黄炎培被国民政府聘为国防参议会参议,并被推为“上海市各界抗敌后援会”主席团主席。由此,张翼代表上海县“后援会”与黄炎培取得联系,投入统一行动。

战火骤然逼近,本地各民众教育馆被迫闭馆,众多师生迎着战火,慷慨激昂地走上抗日救亡最前线。

一路辗转

1937 年 11 月 6 日,日军占领上海华界,租界成为孤岛。中华职教社领导人黄炎培等离开上海。消息传来,张翼决定与一批同仁相伴行动,撤离上海。其中,与张翼关系最亲近的是塘湾镇上的彭利人(1909—1951)。1931 年起,彭利人与张翼一起出任上海县教育行政委员会委员,彼此相熟。张翼开展土布运动时,彭利人大力支持,出任上海土布商店股份有限公司董事。

于是,张翼挥泪告别故乡父老,告别母亲和妻子,踏上了流亡抗战的漫漫征途。好友茹伯才是张翼在农教馆最得力的助手,此刻他义无反顾地紧随而去。

张翼随同中华职业教育社的同仁离沪西撤,一路上坚持开展救济难民的工作。时局变幻莫测,他们途经南京、合肥等城市,一时难以确定目的地。一个月之后,到达武汉,决定就地立足。

这时,中华职业教育社已在武汉市东山设立武汉办事处,陆叔昂为主任。陆叔昂是黄炎培手下开展民众教育工作的先锋,前几年在颛桥乡村改进区工作时即与张翼相熟。如今,他俩为救亡工作又走到了一起。

各地流亡青年如潮水般地涌入武汉。1938 年 3 月的一个月内,仅汉口城内就聚集了数十万流亡青年。他们人地生疏,有力难使,投靠无门,饥寒交迫,急需生活接济和就业指导。

陆叔昂、张翼等日夜操劳,优先帮助江苏籍流亡青年,可是人手有限、资源有限,一时应接不暇。

6月,在中共地下党组织和中华职业教育社负责人黄炎培、江恒源和冷遹(字遇秋)的推动下,及时在汉口组建“江苏失学青年工读服务团”,由江恒源任团长。张翼在工读服务团担任社会服务部主任,负责组织接济工作。

这时,颛桥青年翁卓英、吴苇若、吴颂予(时年18岁)、康品兮(小学五年级在读)等匆匆离沪避难,一路流亡,终于到达武汉,找到张翼,加入了工读服务团。

经过一番努力,工读服务团在汉口收容了200多个江苏籍失学失业的青年。可是,刚刚择地准备开展工读活动,日军已将战火逼近武汉,这里不宜停留。6月底,他们只得集体撤离武汉,一起转赴湘西地区,到偏僻的山区去寻找立足之地。

浦市办学

1938年8月初,张翼随同“江苏失学青年工读服务团”匆匆迁移到湖南省泸溪县浦市镇。

浦市是一个规模并不大的古镇,居民大多是土家族、苗族农民,因地处湖南西北部的沅陵(沅水中游)畔,历来是兵家不可忽视的水陆要津。

工读服务团来到这里,无处集体安身,只得租用与浦市镇隔江对望的江东寺(今属辰溪县孝坪镇)居住。

江东寺始建于宋嘉定年间,是一座千年古庙,号称我国最著名的“三个半寺”之“半个寺”。这时,庙内清静,尚有余屋,倒是一个难得的“世外桃源”。

于是,工读服务团就在江东寺内为失学青年创办了一所学校,设立初中班、高中班,有学员二百多人,由陆叔昂担任校长。学员实行半工半读,自己种菜做饭,自我管理生活,还要主动到对岸浦市镇上去开展各项救亡宣传工作。

师生们在江东寺佛殿的外墙上绘制了《闻鸡起舞》和《卧薪尝胆》两幅画作,抒发了国难当头不甘沉沦、奋发图强的心声。江东寺65岁的老和尚,被

师生们的爱国激情所感染，天天赶到课堂来听课。

在这里，张翼负责带领服务队开展民众宣传，编演节目，编写墙报，为民众提供战时国际、国内信息。

每逢浦市镇的赶场日，张翼都会率队赶到犁头咀去做宣传。他时常亲自站在长凳上当众演讲，激发闭塞守旧、不闻世事的本地百姓的民族责任感。当地人对这位“一身土布长衫的上海人”印象极为深刻，后来在不少回忆录中都描述了张翼当时的风采。

时有中共党员程今吾（1908—1970）前来担任工读服务团副主任兼教导主任、中共地下党支部书记。有了地方力量的支持，工读服务团的影响日益扩大。

为了便于开展工作，张翼安排十多个青年学员在豫章小学设了一个办事处。他们运用多种形式宣传抗日救亡，一是办夜校，组织广大青年、市镇贫民、店员来夜校学习；二是成立青年学术研究会，组织有文化的青年阅读进步书刊，提高思想觉悟；三是举办民众座谈会，每星期一次；四是组织话剧团和歌咏队，在集市街头和乡间巡回演出；五是出墙报，办刊物《团结》；六是建立妇女会、少儿队，宣传抗日救亡。

当年 9 月，江苏旅湘同乡通讯处在沅陵建立，彭利人担任理事。张翼惜别工读服务团，离开江东寺，到同乡通讯处工作，专门帮助上海同乡解决就业问题。

一年之后，因经费困难，江苏失学青年工读服务团难以为继，只得停办，张翼又为学员们的生计四处奔波。

1940 年 3 月，张翼应彭利人的召唤，赶到衡阳来创建湘桂铁路职工教育实验区。

湘桂铁路始建于 1937 年 9 月，由湖南省负责修筑，经过 19 个月的奋战，基本完成衡阳到桂林段，全长 375 千米。为了确保这条抗战初期通往后方的大动脉畅通无阻，数万铁路职工坚守着岗位，而他们及其子女的文化教育面临困境。

于是，江苏旅湘同乡通讯处伸出援助之手，在衡阳专门组建了湘桂铁路职工子弟教育委员会。彭利人是该委员会委员之一。

不久，张翼担任湘桂铁路职工教育实验区主任，着手开办职工夜校和工人子弟学校等。

担任《苏讯》发行人

1938 年 8 月 13 日，中华职业教育社主办的《国讯》在重庆复刊，黄炎培、江恒源、杨卫玉、孙起孟、叶圣陶、张雪澄等组成编辑委员会，孙起孟任总编。

不久，江苏旅湘同乡通讯处仿效《国讯》，在沅陵创办《苏讯》月刊，9 月 1 日出版了第一期，宣告办刊宗旨为“宣传抗战国策，坚定必胜信念，砥砺爱乡爱国之精神，发扬教忠教孝之正气，以及报道苏省情况，促进乡人互助”。

张翼为《苏讯》编委会委员之一，时常撰写同乡动态，利用刊物为流亡青年提供指导。

1940 年秋，江苏旅湘同乡通讯处转移到衡阳城，《苏讯》改为半月刊。

1941 年 2 月，张翼惜别湘桂铁路职工教育实验区，转战来到《苏讯》社工作。

当年 3 月 19 日下午，江苏旅湘同乡通讯处在衡阳市内的天津馆召开临时会议，增补理事。彭利人仍为理事之一，他在第 24 期《苏讯》头版刊发《贡献流浪的同乡们》一文。

当年 7 月，彭利人到达重庆后，被重庆政府社会部留任为专员，专办民运设计事宜，兼任重庆市工人服务总队秘书。他多次召唤张翼转移到重庆去任职，而张翼不愿谋求官职，坚持留守在衡阳。

为扩大《苏讯》影响力，江苏旅湘同乡通讯处决定建立发行人机制，并加紧向政府主管机关申请办理登记事宜，确立法人地位。经彭利人再三推荐，当年秋季《苏讯》社特聘张翼为法定发行人，负责刊物出版和发行。

1942 年冬，《苏讯》终于成为正式的公开出版物，张翼主持的发行工作有了新的转机。

在这几年里，张翼作为《苏讯》法定发行人，常年四处奔波，尽力筹募办

刊经费，扩大社会效应。他千方百计地建立了基本会员联系网络和“征募队长”队伍，并尽心用好每一分钱，每月坚持在刊物上公布办刊收支细目，接受公众监督。同时，他坚持办刊宗旨，为基本会员热情服务，持续征集和刊发同乡通讯录，解决了大批流亡青年就业问题。因此，《苏讯》的发行量持续增长，成为抗战大后方具有重大影响力的公众刊物。

《苏讯》在衡阳出版到第54期，因日军围城，被迫西迁到湖南省西南部的洪江县。

守望衡阳

1944年5月18日，日军攻占长沙后，将箭锋直指衡阳城。张翼与江苏旅湘同乡通讯处同仁正在衡阳，处境危急万分。

孤军守卫衡阳城的第10军军长方先觉(1905—1983，字子珊)在接待新闻界人士时，神态大义凛然，言辞气壮山河，甚至拿起腰间的勃朗宁手枪当众宣告：“这枪是准备打死我自己的。”目睹者无不泪下，闻听者肃然起敬。

张翼闻之，彻底被方先觉军长的慷慨言行震撼。兵临城下，守望衡阳，是中国人的底线。张翼同样有志为国洒尽热血，自然决心要与抗战将士共存亡，因此当江苏旅湘同乡通讯处安排撤离衡阳时，他却默默地做好直接参战的准备。

不久，衡阳城遭受日军重兵围攻，决战在即。张翼挺身而出，面见方先觉军长请战。

方军长岂会忍心让非军人捐躯，善言劝阻张翼。张翼再三誓志，不肯撤退。方军长见张翼如此忠诚勇敢，便托其帮助护送自己家眷撤离衡阳。张翼身负重托，才改变了参战殉国的念头。方军长当即委派警卫兵黄子敬一路护送。

于是，方军长的家眷在张翼的照料下，乘船冲出火线，西去东安县冷水滩。这一路上，方军长的警卫员黄子敬不觉成了张翼的保镖。为了珍惜这段生死之情，张翼与黄子敬就此结为知己。

脱险后,张翼与江苏旅湘同乡通讯处同仁会合,一起暂住在七郎庙乡间,后又转移到辰溪(湖南省西部,怀化市北部)地区。他们的生活极其艰难,全仗当地民众帮助度日,但他们坚持开展抗日救亡宣传工作。

在极其困难的处境中,《苏讯》在洪江县于1944年8月坚持出版了第55、56期合刊。1945年3月15日出版了第59、60期合刊后,因战火逼近洪江县,又迁到乾城县的所里(今吉首),半年内出版发行了三次合刊。

五个月来,时局剧烈动荡,张翼历经艰险,无暇给亲友复信,以致亲友均以为其凶多吉少。后来,张翼辗转到达重庆,与已在那里担任社会部专员的彭利人相会,并协助彭利人开展工作,直至抗战胜利。

胜利之后

1946年3月,张翼匆匆离开了天天都在欢庆胜利的重庆市,赶赴他心中时刻惦记着的衡阳城。

衡阳保卫战打了整整47天,是中国抗战史上敌我双方伤亡最多、中国军队正面交战时间最长的城市攻防战,被誉为“东方的莫斯科保卫战”。衡阳全城遭劫成为废墟。虽说张翼在衡阳生活只有三四年时间,但这一段极为惨烈的人生经历震撼了他的心灵。张翼早将这里当作自己的第二故乡,既然未能为其捐躯,就要为其重建而倾心效力。

5月10日,《苏讯》社主要成员返回上海后,及时复刊出版,帮助流亡各地的江苏同胞返乡。

在张翼的帮助下,本地流亡青年一个个返回了家乡。张翼安排一直相伴着自己的好友茹伯才返回了上海。

但是,张翼自己却没有离开衡阳城,尽管他也想家,家人也一再来信催他返回上海,而他在家信中这样写道:“我二十年来,以整个身心贡献国家”,“国难当头,匹夫有责,应为社会服务,以尽国民之天职。”他决定继续留在衡阳,因为这里还有许多未完成的任务。

在衡阳,张翼更加繁忙了。他千方百计地白手起家,设法重建了江苏旅

湘同乡通讯处，帮助同乡及时返回家园。他四处寻觅为抗战而牺牲的烈士骸骨，营建公墓，妥善收埋，以慰英灵。

张翼力尽所能，不愿留下任何遗憾，好似欠了衡阳许多情。他视情义如山，令衡阳人感叹不已。

重返家乡

直到 1947 年开春，因家人每天不断地来信催促，声称母亲已经病危，只盼能见他一面，张翼方才将所承担的诸事料理定当，坐上火车，返回上海。

张翼终于回到了阔别近十年的颛桥镇上。乡亲们以为他在外为官数年，必然宦囊殷实，但只看到他只带回一只皮箱子，猜测箱内必有珍宝。时值盛夏，张翼将皮箱放到空旷处暴晒。邻居闻讯齐来观看。谁知，箱子开启后，只见是一箱子小脚鞋子，小者三寸，大者不过五寸。众人不由称奇，又纷纷猜测其中的秘密。

张翼哈哈大笑，当众解开了谜底。原来，他在湖南做了许多好事，湘人受惠甚深，得知他要回归故里，就纷纷前来送礼辞别，但张翼一律婉言谢绝。而有位寡妇别出心裁地送来了一双三寸金莲鞋，精致美观，张翼喜欢就接受了。消息传开，送鞋者络绎不绝，有穿过的，也有祖传的，更有连夜赶制的，既开先例，只得笑纳，因此装了一皮箱。

方先觉军长的勤务兵黄子敬，是山东益都（今属山东省青州市）人，生于 1909 年 10 月 24 日，比张翼年轻十岁。抗战胜利后，他年已三十六岁却无处归属，因为仰慕张翼的节操风骨，独身投奔来到颛桥，甘愿不计报酬，只求终身跟随张翼。

张翼不忘当年方先觉军长的壮烈义举和黄子敬的生死之交，欣然收留了他，在自家客堂间内隔出一角让他居住下来，将他的户口落实在自己家中。而黄子敬不愿意拖累张翼，长期甘心在颛桥镇上担当扫厕所、挑大粪的平凡工作，而且长期坚持在张家同灶不同锅，自己解决吃饭问题。镇上人看到，黄子敬每当看到国旗，都会当即立正行军礼，因此无人轻视他，大家都知道他是湖南来的“抗战老兵”，做过张翼的“警卫兵”，就敬称他“老黄”。后来，黄子敬在颛桥镇上成了家。

艰难的流亡岁月，更加磨砺了张翼的斗志，也进一步促成了他的一系列“怪脾气”。他的生活更加简朴，一年四季都穿一身土布中山装，冬不穿棉，抗寒试志，食不择精细，时常以大饼、山芋充饥，居不嫌陋室，办公室只有一桌一椅，卧室只有一张板床一条被褥，出门安步当车，办事干净利索，乡人称其“东西南北一双脚，春夏秋冬两件衣”。他为人宽厚，以身作则，不畏势利，耿直敢言，始终坚持“不贪非分之财，不干法外之事”，凡有利公众之事，为人之所不敢为，在创办社会教育事业中，功绩卓著。他家没有买过一亩田，也没新建一间屋，以致日后“家庭成分”被评为“贫农”。

因此，人们赠予张翼一个雅号“江苏怪人”。

当选参议员

十四年抗战终于胜利了，然而满目疮痍，重建家园的任务极为繁重。

1946 年 3 月 30 日，上海县临时参议会在闵行镇成立，黄蕴深（名宗麟，号懒云，闵行镇人）当选参议长。

次年年初，张翼匆匆返回家乡，正巧赶上本地各乡、镇和职业团体的代表选举县参议员。4 月，上海县参议会在闵行镇正式成立。49 岁的张翼德高望重，顺利当选县参议员。

就此，张翼以县参议员的身份，又在家乡的大地上四处奔波，热心支持地方办学、修桥铺路等公益事业，使当地好几所因抗战而停办的乡村小学及时复校开课。

当时，颛桥地区还没有一所公立中学，本地民众强烈要求兴办中学，但是当局以经费不足为由久拖不决。张翼便立即发起社会募捐，借用庙宇余屋作为校舍，亲自聘请教师，使颛桥职业中学（今颛桥中学前身）于 1947 年 7 月正式开学。

张翼对时任上海县妇女会理事长的凌其瑞女士深怀敬意，郑重向议事

会提交《嘉奖案》。

每当上海县参议会召开会议，张翼总要挺身直言，一再呼吁当局兴利除弊，重视保障民众的生活和安全。仅 1947 年度，他先后提交了《提高公教人员待遇以期安定生活增加工作效率案》《确保本县教育经费独立以期广培人才案》《吾县中小学颇多在暑期举办暑期补习学校者，拟请酌拨经费以利教育案》《培养师资发展教育并以防制师荒案》等议案。至今在可查的参议会会议记录本上，记满了他的《刑警欺民案》《物价案》《教育经费案》等发言，句句都在为老百姓说话。

乡人只要得知张翼在家中，他家的厢房里总会挤满了人。他也乐意调解民事纠纷，因此乡人有了邻里纠纷、家庭纠纷都会请他调停。张翼确实善解纠纷，说话管用，因此乡人都信服他的公正，认定唯有他是“众家老娘舅”。

创办《明心报》

为唤起民众，汇集民声，关注民生，张翼根据在湖南流亡时发行《苏讯》的经验，决定着手创办一份地方报刊。

于是，1947 年 12 月 1 日，《明心报》(半月一期)在颛桥镇正式问世，面向江苏全省发行，张翼自任报社社长兼主编。“明心”一词取自本地名胜明心教寺，既强调“修身明心”，又暗合“民心”之意。他特邀钮永建题写报头，以壮声势。还特辟《苏讯》专版，延续了当年风采。

钮永建为纪念《明心报》创刊题词云：“尊重联合国宪章，发挥大同主义。内修政治以保育全民，外抗强权以安定全世界。此吾同人之识志也。”

张翼亲自为《明心报》撰写《创刊词》，以朴实的语言，倾述建设家乡的主张和决心，全文如下：

“天下兴亡，匹夫有责。”我人于时代义务，都有我等负荷的责任。行宪在即，我人义务自更严重。本报创刊，正欲唤起民众，建乡建国接受民意，发扬民权以确立民主政治的基础。

盱衡世界大势，国际合作的需要，日以深重。中国立场自以促进国际合作，铲除世界和平的障碍的先题。我人欲达成任务，必须完成我们的革命建设，勉尽国际合作的中国义务，尚能捐弃小我，趋向大同，把天下为公，遵行不悖，当然需要我人的摇旗呐喊。

沦陷八年，我人得到战争的教训，与乎敌伪暴行，既深且巨，除了丧心病狂的以外，都深印脑际。胜利后，复兴大业，未易实行，遍地烽火，有多少是干净乐土。大憝小除，国无宁日，风雨鸣鼓，贵在报人。我人也不能辞其职责。

我人所顾虑的，为人心和风气。根据正诚修齐治平大道，社会风气，实为政治建设的基础，转移社会风气，推行四维八德，而收拾人心，实为当前的急务。目前要做到的，是节约消费，明白是非曲直，急切地准确国人人生观，发扬革命精神，创造时代环境以遵行宪法。本报虽不敢以社会导师自居，但于收拾人心转移风气的义务，我人实不愿放弃。

我县为苏省重地，海甸繁品，土地肥美，物产丰盛，公路交通，黄浦水利，瓶山袁迹，古庙道婆，足以自豪。又以紧接都市园林的地带，果能振兴耕作，工化农村，浚治河流，整修道路，再从文化教育，广培人材，而开启民智，那我邑上海，大有作为。今日满目疮痍，民生涂炭，不过是进入富强康乐的过程，树的以赴，持毅而行，又是我人的一重使命。

回观我北桥县治，残屋危垣，荒田寂市，我十二余万县民，谁也认为应行重建，渐临复兴。所幸迁复县治案，即经县参议会议决，业已呈省核准，招标建筑，正在进行。扩境划区以后的北桥，更具备其时代价值，本报自应听取县民意见，供县政府采纳。

青年是建国的骨干，人群精华，我邑青年也大有蒿目时艰，伤心世道，磨砺互助，准备为社会国家稍分任务，但也有随波逐浪，昏迷糊涂，把大好光阴消耗在毫无代价的地方，反而削弱了身躯，堕落了人格的，那是领导青年教育青年者所应负责任。同时是需要澄清社会的一个证子。创办本报的，很坚决地把青年问题引力已任。

我人遥望北桥古钟楼，犹仿佛听到清澈的钟声，会觉得时代的义

务，工作的机会，一刻也不能放他过去。要使达成我人愿望，必先修身明心，格物而致知，从诚正而发展至世界观，把宇宙作我们大家的园地。由于各国人民的团结合作，自力更生，对着巩固国际联盟圈使力，推上世界于大同之道，岂仅合全国人心为一心，且使宇宙万象为一体。登高自卑，致远自迩，我人又何必自馁。本报也能登峰造极，为无冕之王，全仗大家的努力和社会的援助。

从中可以看到，张翼对家乡情意切切，在当时他最关注的是“收拾人心，转移风气”和青年教育问题。

主祭曹仁寿烈士

1947年12月，张翼联络多位参议员在上海县参议会第一次大会上，联合提交议案，要求为曹仁寿烈士在家乡建造纪念堂，举行公葬仪式。经决议，推举张翼等筹办。12月6日，张翼帮助曹仁寿妻子王素筠发函至南京空军总司令部，征询烈士遗骸入葬意见。18日，张翼主持专题协商会议，决定立即发动各界募捐建造纪念堂经费，到会40余人。消息传来，群情奋发，热情捐款，王素筠将所收抚恤家属的20包面粉全部变卖捐出。至年底基本募集到账，便购备建材，雇定沈世荣为工头，张书耕为会计，专职负责建屋。12月20日，王素筠收到南京复函，称同意颛桥民众的要求。

1948年3月28日，曹仁寿灵柩由空军第四大队委派战友潘鹤龄护送，从南京运抵上海虹口民生码头。

3月29日，恰逢“黄花节”（黄花岗革命烈士纪念日）。清晨，张翼陪烈士家属率队租专车前去迎柩。

灵车特地走上中路，途经上海中学，让烈士魂归母校。午后，灵车抵达颛桥，沪闵路口已高悬“恭迎空军曹烈士仁寿灵柩大会”标语，6 000余人夹道相迎，庄严肃穆。张翼和颛桥镇长倪克孝等执绋牵引灵车继续向南缓行，行至闵行镇之后原道折回。经过北桥时，县政府官员列队迎送，沿途爆竹震天,观者如堵,气氛极为悲壮。

傍晚时分,灵车折回颛桥镇。张翼等抬着灵柩在老街上游行,众乐乡乐队奏乐陪伴,2 000 余人随行。镇上家家户户亮灯照道,一路香花杂陈。随后,灵柩厝于颛桥中心小学内,灵前悬挂着张翼所撰的挽联“报国乐从戎,好显男儿身手;固空奋杀敌,长留烈士精神”。

晚上 9 时,公祭仪式在颛桥中心小学操场上隆重举行,由张翼主祭。张翼代表颛桥各界宣读祭文时,声泪俱下,哀慨动人。潘鹤龄和曹仁寿妻子王素筠致祭文时,会场内鸦雀无声,烈士的事迹震撼了每个人的心灵。

到俞塘挑重担

抗战胜利,大地重光。1945 年 12 月 30 日,钮永建以“宣慰特使”的身份重返故乡,号召乡亲父老抓紧时机,以复兴教育入手,重建家园。

钮永建缅怀北桥阻击战牺牲的勇士们,专程到上松路“支那勇士”墓地祭奠,并当即指示:“此实为抗战中惨烈光荣史迹之一,予以表彰,立碑纪念,并定期举行公祭,改为无名英雄之墓。”

回到南京后,钮永建及时邀集热心公益人士,多次聚商俞塘民众教育馆复兴之计。他叮嘱家乡子弟,应加紧修复被侵华日军炸毁的民众教育馆设施。他对乡亲们说:“筹集经费是我的责任。我即使在帽子里拆出破絮来,也要设法将民众教育馆维持下去。”因他的书法效仿颜体,熟而生变,苍劲有力,富有气质,在上海与吴稚晖、沈尹默鼎足而三,就多次鬻字为家乡筹款。他还叮嘱:“俞塘事业复兴,应从小处做起,不要多费钱,只要大家努力。竹的椅子很好,木的脸盆也不差,土地必须渐渐利用,水利更是重要。稍待国事宁静,我必告老归乡,与父老昆季研究农业生产。中国以农立国,大部分是农村社会,农村得安,国运斯亨。”

1947 年 11 月,江苏省政府批准恢复俞塘民众教育馆。俞庆棠带动社会知名人士、钮长耀带动地方人士再次慷慨赞助。

12 月 22 日,钮永建又重返俞塘,亲自协调、规划恢复民众教育馆建设。

此时,钮长耀已在南京担有重任,钮永建特意指定由张翼出任俞塘民众教育馆馆长,并调任上海女子审美学校校长的侄女钮恂言返回俞塘,参与民教馆管理工作。

1948 年 2 月 15 日下午,钮永建夫妇、钮长耀(前任馆长)等亲自在俞塘民众教育馆镕才堂为张翼召开就任欢迎会。在会上,张翼起立致词说:“本人受任俞塘馆长,荷蒙长老欢迎,殊不敢当,益深慨愧。社会教育在今日,更重于战前,俞塘为社教发祥地,本人犹忆战前事业,辉煌海宇。原以俞塘具有故业,谁曰不宜,特以力薄能鲜,有赖于合作指导,庶于富强的组织的教育,循序展开,以为民治之根本。”

俞塘民众教育馆原有设施绝大部已毁于侵华日军之手,要在一片焦土上重新恢复当年风貌则困难重重。张翼不负众望,勇担重任,当即在俞塘实验小学租屋七间,作为临时办公点,筹措营建新馆;聘请董承千、孙健君、邹宗孟、刘平、许汉宾、瞿伯然、潘吾行等入馆任事。

3 月,民众教育馆购买来大批苗木,发动植树运动,改善环境。

6 月,民众教育馆以“美援”物资筹建了俞塘乡村卫生服务站(又称“民众医院”),有医师和助产士各一人,承理内、外科门诊及接生,日均接诊量达十多人次。村民前来医疗不收费,药品只收成本费。

8 月 28 日,民众教育馆召开纪念孔子诞辰暨教师节庆祝大会,钮永建到会并发表了演说。

9 月 5 日,俞塘合作社恢复运作,钮永建到场指导制订工作计划,民众教育馆派员筹建相应的各个部门。11 日,由黄梅仙任社长的俞塘妇女自助学社恢复开业,继续面向社会招生,开展职业技能教育。

9 月 18 日,时逢中秋节,又是“九一八事变”十七周年纪念日,俞塘民众教育馆召开大会,张翼发动师生参加“勤俭建国运动”,并组织“力行团”。钮永建到会讲话,并为“力行团”题写祝词:“卧薪尝胆古有垂训,畏天者有其国,吾人其勉乎哉。”

11 月,俞塘民众教育馆新落成了办公室七间、农舍两间、宿舍四间、大礼堂一所及厨房等附属设施。大礼堂取名为“永建堂”。为增添喜气,在大礼堂里为俞塘钮顺威和马桥邵顺芳举办了订婚仪式。后来,还举办了一次全国美术展览会征集作品的预展。

颛桥新气象

1947年9月,颛桥知识青年自发集资组织“青年文艺社”,宗旨为“研究文艺,互相学习,联络感情,发展友谊”。有社员200多名,张翼侄子张寿亭为社长。先后出版《轻轮》半月刊共18期。从第4期起,附属于《明心报》副刊,先后发表社员文章200多篇。

1948年,颛桥地区好事连连,日益兴盛。

1月份,颛桥地区筹备隆重举行颛桥乡中心国民学校四十周年纪念活动。为此,张翼在《明心报》上发表了一篇《母校长生》贺文:

> 诞生四十周年的颛桥中心国民学校,是我的母校,也是我们的生活园地,曾有人称他做众人之母,可谓恰当。
>
> 当我在母校生长时,厉行我所主张的“八强教育”。我所盼望和共同生活的,要脑力强,视力强,听觉强,呼吸也要强,说话要强,吃饭要强,手和脚也要强,非但要育成强有力的躯干,而且要发扬健全的精神,使各个体,结为一团。同时促进其道德生活,训练成良好国民,经过我们的奋斗努力,差幸有些效果。
>
> 上松颛桥合并后的母校,更肩担较大的使命,特别要注意群育,亲爱精诚,互相合作,是少年中国的国民所宜具备的。我们要造就建设自治的国民,运用宪法的国民,更要训练保卫疆土,和有世界眼光的国民。母校长生,便是颛桥和国家的长生。

钮永建应张翼之邀,在《明心报》上刊发《颛桥中心国民学校四十周年纪念祝词》,称赞“颛桥为上海县重要地点,得风气之先,建立国民学校,于今四十年,造就多才革新民俗,为全县模范,以诸先进之努力,得有今日之盛。今既为

地方民众学校之中心，必将顺应潮流，及扩大其教育上之新性质，俾及时之基层民众，得有现代之新知识新技能，以应对现在及将来之时代潮流，斯地方莫大之伟举，亦即社会与国家最有力之建设也。于其纪念之辰，敬以此义祝之”。

6 月，上海县颛桥乡和松江县颛桥镇正式合并为上海县颛桥镇，张翼即撰写《明心报》社论《颛桥命运》，提出自己的主张和希望。

7 月，张翼看到本地少年小学毕业后升学困难，即集资着手创办了上海县私立颛桥职业学校，以颛桥镇西街福智庵为校舍，内设农、商（合作）两科，招收学生 79 名。次年 2 月，经张翼向省教育厅提出申请，将学校改为公立，称“上海县立颛桥初级职业中学”，下半年又改名为“上海县立颛桥初级技术学校”，在校学生总数达 96 名。此校的创建，不但造就了大批本地农、商专业人才，也为日后的颛桥中学奠定了基础。

11 月 10 日，颛桥中心国民学校隆重举行四十周年校庆大会。张翼以校友身份到会讲话，历述学校苦斗经历，强调“深信教育为革命事业，为精神事业，任何艰巨，均应忍受。颛桥小学既有今日，应不忘先贤”。当天，学校破土动工，建造先贤堂，修筑安生路（纪念首任校长施安生）。

要学甘地精神

1948 年 1 月 4 日，闵行镇上的广慈苦儿院新建校舍落成，准备复院招生，邀集地方名人参观座谈。张翼应邀出席，并对广慈苦儿院的发展方向发表了意见。院方即聘请张翼为改革设计委员。

广慈苦儿院创建于 1918 年，建院 30 年来历经战火摧残和风雨磨难。14 年抗战中，校舍遭毁，师生迁居上海城区，未曾倒闭。如今，靠政府补助和闵行镇各界支持，重建了 11 间用房，可是老一辈行善者却大多已去世，张翼为之深切感慨，决心继续前辈事业，为民造福。

当年 1 月 6 日、1 月 12 日，张翼前去参加改革设计小组工作讨论，并应邀与姚惠泉（1895—1988，字文达，三林乡人，中华职业教育社负责人之一）一起草拟《章程》和《董事会简章》。

1月24日,在浦东同乡会大厦召开会议,讨论并通过《上海广慈教养院章程》,重组董事会。董事会推选张翼和姚惠泉为董事会董事兼任副院长。

张翼欣然接受,当即投入运作。

1月30日,印度民族解放运动领导人莫罕达斯·卡拉姆昌德·甘地遇害身亡。张翼对“圣雄甘地”十分敬重,尤其是甘地也曾以“土布运动”为民众寻求生计而名声远扬,令张翼感叹不已。突然听闻甘地去世,张翼彻夜未眠,挥笔撰文。在2月1日出版的《明心报》上,即刊发专文介绍甘地生平事迹,发表社论《甘地精神》,并发出公告宣布“为圣哲甘地逝世哀恸,社长张翼本日绝食志悼”。

张翼深切地感叹道:

> 非常人的行动,不与常人苟同。非常人的精神,自必奇伟轶群,思想也一定出类拔萃,异乎寻常。无论古今中外,一般事业的创造和成功,需要非常人,国家建设,世界和平,更要顶天立地,继往开来的非常人,尤其在目前的非常人,实担负着转乾旋坤的责任。

张翼无疑决心学做甘地那样的“非常人”,继往开来,担负转乾旋坤的责任。

紧急议案

近年来,每当上海县参议会召开会议,张翼总要呼吁当局兴利除弊,坚持为民生问题仗义执言。

1948年10月22日,上海县参议会第一届第七次大会开幕。第二天,听取县政府工作报告,随后讨论议案。上海地区实行币制改革,以致物价飞涨,社会动荡,不少公职人员倦勤而退,乡人身心不安。因此,好几个参议员借故缺席会议,而诸多民生问题急待政府解决,政府报告只是官样文章,参议员们无精打采。张翼正在南京办事,便特地向大会发来电报,表述意见,

强调“当今局势严重，民生凋敝，翼忝列议席，安敢缄默”。

第三天会议讨论议案时，张翼匆匆赶来参加会议。可是，参议长所列议案大多不痛不痒，参议员们继续昏昏欲睡。

张翼坐不住了，起身理直气壮地“开炮”质询，并提出四项紧急议案：① 本县乡村新稻谷已经登场，而浦东浦西仍粮食缺乏，形势严重，应当设法解救，以安定社会；② 请精密调查不识字者人数，施行扫除文盲运动；③ 县政府教育科人手不足，过分疲劳，应补充人力，适应需要；④ 原属松江县的白场地区，已由曹行乡区接受，应及时征收田赋，以期开源。

张翼话毕，参议员们纷纷起立和议，四项紧急议案当场通过。随后，一项“为教育工作者请发薪金案”引发全场热情，言辞激烈。学校教师的生活向来清苦，应得薪给却未能按月发放。七月份薪给按规定应照 160 万倍标准发放，而本地只发 31 万倍，应得公粮三斗三升，迄仍拖宕。八月份每人尚有禄米一石，九月份教师只领到金圆券 20 元。这些收入，虽万分节约，也难以维持个人生活，无况还要养家糊口。因此，张翼领头发话，要求政府筹拨七、八、九三个月欠薪和七月份公粮，每月薪给必须按规定悉数发清，绝不可再发生欺负教师的行为。与会参议员全体鼓掌，表示赞成。

可是，决议案并未马上见效，而物价仍在飞涨，各校教师饥饿难熬，纷纷向张翼诉苦。

11 月 8 日，张翼向上海县县长俞秋月打电话，要求在两天之内解决公教人员薪给问题。俞县长支支吾吾，不肯当场承诺。张翼恼怒地丢下电话，立即向江苏省政府主席丁治磐发出急电，恳请其救难：“上海物价升腾亘古未有，商忧市尘，农叹田畴，公教人员更悚惶于生活煎熬，群谋所以安定，际此戡乱定邦安民为重，更生自力，必自今始，万祈钧座，急筹解救，以定人心。东南半壁，攸赖将军，驰电陈词，敬求垂照。”事后，他又致电南京总统府，为民请命。

结果，江苏省政府同意从当月起，平衡自治经费，调整公教人员待遇。可是，远水难救近火，各校教师不断在《明心报》上诉述困境，官方依然行动迟缓。张翼召集好友多次讨论对策，最后决定还是依靠乡民，发动开展献米济时“一甲一斗”活动，还率先捐出自己家中的一石口粮，救济饥饿中的学校教师。

全力扫盲

1948年11月12日，是孙中山先生诞辰纪念日，钮永建特地选这一天，在俞塘民众教育馆召开扩大民众教育动员大会。

钮永建还在《明心报》上刊发《强恕学校五十周年纪念献言》等文章，既热情地为复兴地方教育呼吁，更恳切地强调“国民学校与民众教育两者并进”，号召家乡父老推进民众教育，提高文化水平，“为国家建立基础，为家族建立基础，又为社会建立基础，更为其本身建立立身处世、立功立业，贯彻其位育天地万物，达到人类高尚本份之基础”。

在钮永建的倾力支持下，张翼借助当年办颛桥农民教育馆的实践经验，更大规模地组织起平民教育活动。他精心制定教学纲要，研究民众教育的途径和方法，大力培训师资人才，辅导邻近九个点的工作。

当时，中国时局仍然动荡，钮永建谦辞考试院副院长之职，而醉心于民众教育，特“请假三个月”，坚持蹲点在俞塘，支持张翼推进扫除文盲工作。乡亲们看到，他年近80岁，依然是一身蓝土布长衫，足穿元色皮鞋，既无随从，也不坐车，天天奔走在故乡的小道上。

张翼反映江苏省级官员一再拖欠扫盲经费。钮永建闻讯，当即亲自协调地方官员，要求尽快解决问题。眼看省里拨款未能及时下达，他就要求上海县参议会议长王益仁（字宗林）先出资借垫，确保张翼能够如期开展工作。

可是，王益仁却推托不办，故意为难张翼。这一下，钮永建怒气冲天，立即向他致函，亲自为张翼做担保。王益仁只得听从，这才确保了“扫盲干部特别训练班”的开办和识字班的推广。

在张翼主持下，马桥镇各保民众学校相继成立，分设了青年班（136人）、少年班（66人）、成人班（38人）。11月27日上午，第二保师生们汇集在俞塘民众教育馆礼堂内，举行开学典礼，钮永建夫妇亲临会场。下午，第一保妇女班学员也来举行开学典礼，钮永建夫妇又到场祝贺，直到散会后才赶往火车站，连夜赴南京出席重要会议。

俞塘民众教育馆内,新栽的大批菊花盛开,尽管新建的校舍大多只是年茅屋竹篱,却依然充满着勃勃生机。钮永建对张翼极为信任,张翼也信心满怀,这里必定能重新成为苏、浙、沪地区平民教育的一面旗帜。

为了继续在乡村更广泛地开办识字班,张翼着手努力培养“小先生”。他决定,开办“民众教育辅助人员(又称‘扫除文盲干部’)特别训练班”,面向全县招生,12 月 25 日开学。

不久,按照要求,招收了学员 59 人(含女性 8 人),计划训练 1 个月。张翼还邀请钮永建、钮长耀(时任江苏省政府社会处处长)、奚永之(时任奉贤县县长)等亲自前来授课。第一期有 46 名学员考试及格后,即分赴马桥乡各保开设识字班。

张翼的不懈努力,很快产生了社会效应。不久,马桥地区同时建立起 32 个识字班教学点,每处分别设 3 个班,每个班每天授课 50 分钟,施教期为 3 个月。每个执教者每月津贴约为白米 50 斤。所有识字班学员均不收任何费用,还给贫苦学员提供学习用品。仅这一轮工作,就有 200 多名农民走进识字班扫盲。

12 月 15 日上午,张翼应县立初级中学校长薛惠康之邀,前去为师范班学生做演讲,题为《自救、救国与教育》。

1949 年 1 月 1 日,俞塘民众教育馆举行元旦庆祝会,张翼号召自强不息。为了筹集发展资金,钮永建在《明心报》发了个广告,宣布由云林书画社代他面向南京、上海各界“鬻书”。后来又发起“春联运动”,以字换白米,为“小先生”们筹粮。

乡村夜巡

天寒地冻之际,颛桥青年翁卓英、茹伯才、倪克考、李思逸等眼看恩师张翼年已 50 岁,依然一身单衣过冬,便悄悄为他定制了一件土布夹大衣,送给他御寒。张翼深表感谢,但坚持单衣过冬,慨然说道:“土布衣我所爱,诸君解衣为助,我德之,特以抗寒试志也。”大家虽为之遗憾,但再次被张翼的顽强意志所感动。

其实,张翼并非天生不怕寒冷,在严冬之中他也时常会搓手跺脚抖抖身,企图甩掉袭来的寒气。他是以抗寒试志,磨砺自己。

1月4日,钮永建、张翼等在俞塘民众教育馆出席特训班学员座谈会,做了报告。

“扫盲干部”下乡上课三周之后,钮永建和张翼为了摸清实情,于1月13日下午,一起先后走访了马桥乡乡民朱全龙、周运浦、郭竹兴、翁达才、翁根良、陈恩德、孙启华等家庭,深入了解扫盲工作的实际状态和乡村生活的真实情况。

1月25日,“民众教育辅助人员特别训练班”结业,学员们回乡走上扫盲讲台。

2月5日下午,张翼陪同钮永建步行到马桥西贤乡劝学,并到荷巷桥镇视察。一路上,钮永建盛赞本地前辈顾言(字丹泉,吴会书院创办人)、金庆章(字静初,近代外交家)的贤德,得知昨日金庆章刚移灵入祠,特地赶到金家宗祠去瞻仰,直至星夜才踏月返回俞塘村。

2月17日,张翼召开俞塘民众教育馆民教特训班学员第二次座谈会。19日,又召开第三次座谈会,具体安排识字班教学工作。钮永建都亲临指导。

2月24日,风雨交加,道路泥泞,张翼陪同钮永建赶到溪南、沙西、必科、三余、青登等处识字班视察。每到一处,钮永建即席讲话,勉励学生们勤奋向学。张翼则强调“识字与生产”关系,使大家知所进取。

2月26日晚上,天寒风紧,钮永建不顾年迈,在张翼的陪同下,自带粽子当饭粮,从俞塘出发,步行15千米,巡视察访了贺家宅、沈家村、紫藤、溪家达、汀漕、荷溪、吴会等地的识字班,实地督导扫盲工作。

2月27日下午,张翼召开俞塘民教特训班学员第四次座谈会。钮永建又赶来出席会议。

3月1日上午,即将重现的颛桥农民教育馆召开第三次复馆筹备会议,张翼再度被推举出任馆长,一致决定3月12日举行复馆庆典活动。形成决议后,大家以植树的形式庆贺复馆在即,附近农民闻讯纷纷赶来,自愿挑土治基,争相为他们所向往的“农民乐园”效力。

当天下午，上海县基层教育推进委员会成立，钮永建、张翼等被特聘为委员。本地区更大规模的劝学运动即将全面展开。

建成仁寿堂

在张翼和颛桥民众的努力下，为纪念曹仁寿烈士而专建的仁寿堂，终于在颛桥镇东（今沪闵路颛桥车站侧路口）建成了。整个建筑呈飞机型，槛门柱子用石头砌成，中为大堂，悬蒋介石题匾“仁寿堂”，堂内外可容纳三四百人，两侧有会客室、休息室等四间小厅，占地约 90 平方米。

1949 年 3 月 12 日，春雨如烟，张翼率领 700 多颛桥民众在仁寿堂及已确定的烈士墓地四周广植树木。现场歌声飞扬，群情振奋。就此，仁寿堂正门道路两侧栽下松树、冬青。

3 月 29 日下午 2 时，以张翼为主任的曹仁寿烈士公葬委员会在颛桥小学举行公葬仪式，2 000 余人出席。人们分组列队入场祭拜，第一组为筹备委员会，由彭利人主祭。第二组为颛桥镇各界人士，由镇长主祭。第三组为省立俞塘民众教育馆等团体，由张翼代表钮永建担任主祭。

当天晚上 9 时，又举行家奠，张翼任大宾，烈士遗孀王素筠抱着幼子行礼时，全场悲恸。

3 月 30 日上午，移送曹仁寿烈士灵柩入墓。张翼为首，引灵柩再次巡游颛桥老街，万众悲恸送别。

当天，《明心报》刊发《公葬空军烈士曹仁寿特刊》，各界人士纷纷发表诗文，缅怀英烈（1952 年 7 月，由中央人民政府追认曹仁寿为革命烈士）。

上海解放前夕

1949 年 5 月初，国军从浙江经松江溃退上海，工兵连长接到任务，为阻拦解放军追击，沿途公路桥梁要全部炸毁。

颛桥镇上有三座环龙石桥，工兵连长率兵赶来时，张翼挡在桥头，抱拳说道："这镇内石桥，远距公路，解放军大队人马不可能走小路上石桥的，官长应手下留情，免了吧。"

连长恶狠狠地说："军令难违，谁敢不从，就地正法。"

张翼趁势说："既有军令，我愿到司令部当面问个明白。"说着就要坐上吉普军车，弄得连长十分尴尬，只得开车撤退。

当时，松闵、闵沪公路沿线各镇无不受损，唯独颛桥镇太平无事，人们齐夸张翼有功。

5 月 14 日，人民解放军第 20 军某部占领马桥地区，15 日，人民解放军占领上海县治北桥镇，并派一个营的官兵进驻在颛桥镇。次日，在颛桥中心小学操场上召开军民大会，颛桥人奔走相告："解放啦！"

5 月 27 日，上海地区宣告解放。

不久，俞塘民众教育馆奉命闭馆。

对于时局的巨变，张翼没有充分的思想准备，只得待在家中观望。

一天，首任上海县人民政府县长刘岳，久闻张翼的清廉公正，就派通讯员去请他来叙谈。

而通讯员是个农民出身的粗汉，走进张家大门就高声呼唤："哪个是张翼？刘县长叫你去。"

张翼不动声色地轻声询问："是县长大人叫我去，还是请我去？"

通讯员问："叫又怎样，请又如何？"

张翼一屁股坐了下来说："当然有区别。如果我犯了罪，那不仅是叫，还要捆上绳子；至于请嘛，则要下请帖的，至少应当写张便条。你说不清楚，我是不去的。"

通讯员气呼呼地回到县政府，向刘县长做了报告。

刘岳县长不由自责地说："怪我疏忽不周，是应当发个请帖。现在既已如此，我亲自上门赔礼去吧。"他随即赶到颛桥北街，登门求教。

张翼深受感动，亲自出门迎接。两人执手登堂，坦然叙谈。

刘岳希望张翼以民主人士的身份出来参加革命工作，为人民服务，并对他说："你的为人，我在苏北时就已了解。请你出来工作，是我党在渡江前就

已经决定的。”

张翼关心的是社会民生，提出了一系列亟待解决的实际问题。刘岳极为诚恳地说：“人民政府正在解决这些问题，因此急需要你这样的地方贤达出山啊！”张翼感动了，当即提出自己的主张。刘岳认真听取，逐一记录。

两人不知不觉成了知心朋友。

组织生产救灾

1949年7月24日，十二级强台风、暴雨和特大潮汐同时袭击上海县和松江县地区，黄浦江邻松段、闸港段江堤突然决堤，洪水肆虐，大批房屋随之倒塌，数十万农田一夜被淹。

受灾地区措手不及，灾民身处危难之中。刚建立的各级人民政府紧急号召民众抗洪救灾，却一时组织乏力。

7月26日，洪水逐渐退去。本地农民损失惨重，缺衣少食，必须立即组织救济。人民政府紧急建立生产救灾委员会，后又建立寒衣劝募委员会，动员社会各界参加赈灾行动，救济受灾农民。

灾情就是命令，农民的苦难深深地刺激了张翼。神圣的使命感激励他挺身而出，无惧闲言碎语，坦然地来到当地政府，请命献策。

松江专署专员顾复生和刚刚到任的上海县县长史济中十分信任张翼，当即邀请他出任苏南行政公署生产救灾委员会委员、松江专署生产救灾委员会副主任、寒衣劝募委员会副主任和上海县生产救灾委员会副主任。

张翼再次在危难之中献忠诚，日日夜夜舍命忙碌，不肯停歇。他跟随政府领导深入灾区慰问灾民，为各地生产救灾工作献计献策，到处奔走劝募寒衣，组织农民生产自救。

当选人民代表

1949年4月26日，苏南行政公署成立（1950年改称“苏南人民行政公署”,1952年恢复江苏省建制),驻无锡市。

张翼以无党派人士的身份,继续积极参加政务活动。在苏南人民行政公署任监察委员会委员(周恩来总理签名盖章的委任状)、宗教事务委员会委员兼秘书长等职;在松江专署,任水利委员会委员、血吸虫病防治委员会委员等职;在上海县,任水利委员会副主任、血吸虫病防治委员会副主任、烈军属委员会副主任、学习委员会委员、土改委员会委员、镇反案件审查委员会委员、抗美援朝支委副总干事等职。

1950年4月13日至15日,上海县第二届各界人民代表会议在闵行镇召开,张翼向与会代表传达了苏南生产救灾会议精神。11月,张翼当选为上海县第三届各界人民代表会议常务委员会副主席,并在会上传达了苏南人民代表会议精神。

1951年4月,张翼又当选为上海县第四届各界人民代表会议常务委员会副主席,并在会上做关于抗美援朝的报告。7月,张翼再次当选为上海县第五届各界人民代表会议常务委员会副主席。

张翼还奉命担任上海县文化馆筹备处主任。1951年春,上海县文化馆在闵行镇成立。俞塘民众教育馆随之正式撤销,部分人员和器材移交县文化馆。

1952年9月,张翼继续当选为上海县第六届各界人民代表会议常务委员会副主席,并在会上做常务委员会工作报告。

1953年2月,苏南人民行政公署与苏北人民行政公署合并成立江苏省人民政府,同时成立江苏省人民政府参事室。张翼即被任命为江苏省人民政府参事室参事。

依然是“江苏怪人”

张翼的“江苏怪人”脾气依然不变。他依然四季一套中山装,脚上一双旧皮鞋。年过五旬,外出办公事,依然爱自己迈开双腿安步当车,戏称“坐八路电车”。依然粗茶淡饭,常以大饼、山芋充饥,每月领取工资后,只往家中

寄12元(6元给母亲养老,6元供妻子度日),其余均用于公事。其妻子依然长年在家纺纱织布,自谋生计。

1954年8月,江苏省人民代表大会宣告成立。张翼当选人大代表。在南京出席一次省人大会议时(省第一届人民代表大会第二次会议,1955年2月10日至13日在南京召开;省第一届人民代表大会第三次会议,1955年12月23日在南京召开),正值寒冬,黄炎培先生(1954年9月当选为全国人民代表大会常务委员会副委员长)见他仍不穿棉衣,只穿土布夹衣,特意脱下自己的羊皮大衣,朝他身上一披,并劝他保重身体。张翼只披了半天坚持奉还,说:"皮衣原璧,盛情多谢!"

黄炎培说:"这是我送给你的,不可推也!"

张翼却一本正经地答道:"本人平生立有信条:不受任何馈赠。今日您任老所赐,卖卖面子,才披上半天。"

黄炎培只得收起大衣,哈哈大笑,说:"如此说来,我怎敢有累怪人清德!"

20世纪50年代,张翼喜欢使用明信片通信联络,每份百余字,简单明了,光明磊落。他向政府有关部门反映民情民意,也用明信片,每周都会发出几张。

如今幸存两张由张翼撰写的明信片,一张是1954年写给中共华东局领导陈毅、饶漱石、谭震林的,另一张是1953年写给饶漱石和谭震林的,内容都是反映本地区社情民意。

1954年2月28日这张明信片,张翼书写时使用蘸水笔,因不时蘸墨水而造成字迹深浅不一。字体工工整整,一笔一画毫不马虎,还盖上印章。有趣的是,在签上姓名"张翼"后,还写上"字凤三,即戏以闻名江苏怪人,上海解放后,不用此名了"。他一向性格直爽,办事认真,积极参政议政,向领导机关反映地方情况不图形式,竟然使用方式便捷、内容透明的明信片,而且书写不讲究行文旧规,随心所欲,完全是他的个性表现。

张翼的"怪人"之举终生不改,令人惊叹。

他为人极为耿直:报国赤胆忠心,善恶是非分明,却不入政治党派,不求一官半职。不畏势利强权，不贪非分之财，不做法外之争，只为民众谋事。

他生活极为简朴：毕生辛劳，大有作为，却没有买过一亩田产，也没兴建一间私屋。“东西南北一双脚，春夏秋冬两件衣。”食不择精细，居不嫌陋室。

他办事极为踏实：有远大目标，却总是从身边实事着手，绝不弄虚作假。精力旺盛，忘我工作，日夜不息，“学儿声黄牛叫”即无倦意。

绝境心未绝

因张翼敢于直言，指责时弊，得罪了某些人。1958 年 4 月，在“反右运动”中，张翼遭到不公正的政治待遇，被下放到南京市西北部的江浦县瓦殿茶果场“劳动改造”。

1960 年冬季，张翼在路边扫雪时不慎跌伤，下肢骨折，因此长期病休。

1961 年 10 月，张翼被摘除了“右派分子”的政治帽子。

1962 年，张翼被聘为江苏省文史研究馆馆员，恢复了原有的政治待遇。然而，由于旧伤复发，他行走不便，无法正常工作。于是，组织安排他留职休养。

11 月 27 日，家人将张翼接回到颛桥镇北街老屋休养。

张翼在外奔波了 30 多年，极少在家与母亲和妻子吃顿“安逸饭”。就此，张翼足不出户，天天陪伴在母亲和妻子身边。母亲不由感叹：“他总算可以安安逸逸了。”

然而，张翼的心依然是火热的，依然密切关注着国家大事和百姓民生，每日书报不离手，力图恢复健康后重返岗位，继续为人民奉献心力。他静心反思人生历程，总结经验教训，先后在笔记本上写下了 77 篇心得，其中有《三心》《三性》《三乐》等，以家训形式传给了家人。部分内容摘录如下：

> 《三心之一》道德心：道德心好，最为重要，为人着想，为人效劳。事业心：事业为重，不懈不松，精进不已，有专有红。上进心：上进心切，学如不及，勤学苦练，如渴如饥。

《三心之二》雄心：胸怀祖国，志在四方，建设农村，建设边疆。恒心：水滴石穿，绳锯木断，果有恒心，何事不断。虚心：虚怀若谷，常感不足，不断学习，不断进步。

《三心之三》决心：无论做啥事情，必须下定决心，排除一切困难，争取最后胜利。信心：无论做啥事情，必须满怀信心，信心万不可失，一失斗志便伤。狠心：受了奇耻大辱，不可没有狠心，定要发愤图强，定要争气争光。

《三心之四》责任心：对人对事，负责认真，尽到责任，尽好责任。同情心：想人所想，急人所急，人饥己饥，人溺己溺。自尊心：人的尊严，必须保持，不可伤害，不可丧失。

《三性之一》觉性：不贪不瞋，不痴不迷，心如明镜，俯仰咸宜。悟性：究为什么，究应怎样，常作思想，心明眼亮。灵性：察言观色，知趣识相，随机应变，自有主张。一提就醒，一讲就懂，一悟就解，一点就通。

《三性之二》韧性：能屈能伸，能进能退，能刚能柔，能动能静。耐心：不急不躁，不厌不烦，耐苦耐劳，始终一贯。记性：反面教训，铭记心上，时加警惕，时加提防。

《三性之三》坚定性：坚持真理，坚持正义，坚持原则，坚定不移。灵活性：不硬不僵，不板不死，圆通灵活，相机行事。艺术性：巧妙和谐，运用自如，无过不及，恰到好处。

张翼眼中的“三乐”之一为“以读书为乐”“以助人为乐”“以创新为乐”。“三乐”之二为“乐莫乐于为人知”“乐莫乐于为人重”“乐莫乐于为人用”。

这些朴实无华的语言，此时此地从身经磨难的张翼口中流出，字字闪烁出他的人格魅力。细读这些箴言，世人就能真切地理解“江苏怪人”的精神世界。

最后的路程

1966 年 6 月“文化大革命”爆发后，社会发生动乱，颛桥镇上到处有人

“大鸣大放”，却没一个人贴张翼的“大字报”，当地群众都认定他是“好人”。可是，随着“文化大革命”的步步深入，因所谓的“历史问题”，张翼遭受“审查”，被“红卫兵”抄家数次。

1975 年 11 月 12 日，张翼突发脑溢血病症，被急送闵行区工农医院抢救。后医治无效，他于 12 月 16 日晚上在医院逝世，终年 77 岁。

1979 年 5 月，经中共江苏省委统战部复查，确认张翼当年被错划为“右派”，撤销了原结论和处分决定，予以平反昭雪。

尽管张翼在晚年未有大作为，但是他的美德和品格一直激励着后人奋发图强，造福于民。

“江苏怪人”的故事始终被人们传为佳话。

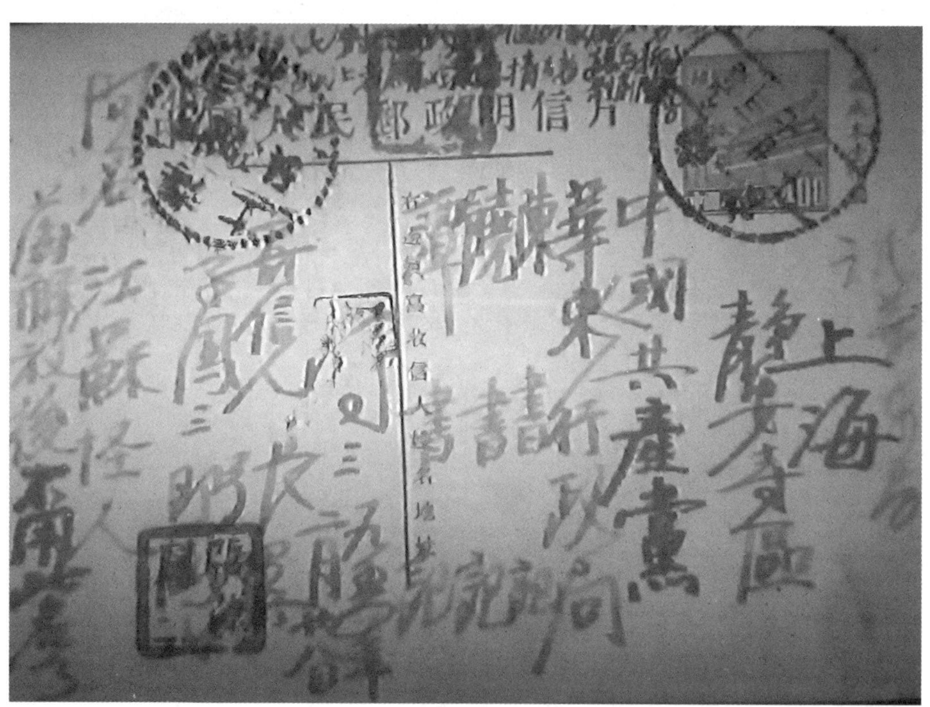

张翼手迹

蓝天英豪曹仁寿

投笔从戎

曹仁寿(1913—1945),出生于上海县颛桥乡向阳村一户农民家庭。父亲曹锡昌,母亲沈氏,生养兄弟各一。他从小热爱学习,天资聪颖,秉性刚毅,读小学时成绩名列前茅。

1931 年,曹仁寿考入江苏省立上海中学师范科第三届(即本科第十七届,校址在上海南市龙门村)。他发奋自强,学业大进,课余热衷研习音乐艺术,广受师友美誉。

1933 年 7 月,曹仁寿在上海中学高中师范科毕业。恰逢江苏省教育厅令上海中学附属实验小学独立,更名为“江苏省立上海实验小学”,曹仁寿受聘在上海实验小学任教。

1934 年 5 月 15 日至 16 日,江苏省小学教育联合会在无锡市举办第三届劳作教育成绩展示活动,盛朗西校长和教员代表曹仁寿、朱焕章前去参加,并展示本校的劳作教育成果。

1935 年 1 月,曹仁寿随学校动迁到吴家巷新校区(今上中路 200 号)。

曹仁寿在校执教近四年,用其学,学益进,能拉小提琴、能写歌谱曲,会竹刻,尤其热爱球类运动,因此身体健硕。

1937年春，曹仁寿与王素筠订婚。王素筠是塘湾镇大户闺秀，师范毕业生，幼儿园教师。

不久，“八一三”淞沪抗战爆发，国人同仇敌忾。曹仁寿毅然投笔从戎，追求报国壮志。

11月9日，曹仁寿告别家人，奔赴武汉。

冲上蓝天

在武汉，曹仁寿加入陆军部队受训。不久，听说招收空军飞行学员，曹仁寿立即赶去报了名。然而，人家的年龄都是20岁以下，他却已经25岁了，于是在填写报名表时故意将出生年月写成“民国七年(1918)”。通过一套严格的体格检查，一千多个报名者只选出十多个，结果，他有幸名列其中，奉命奔赴重庆市铜梁县土桥乡旧市坝镇中央航校“空军军士入伍生总队”报到。

一走近营区，曹仁寿就看到门前竖立着两根柱子，分别刻着“民族复兴路，空军第一关”，顿时热血沸腾，立志早日冲上蓝天，痛杀敌寇。

旧市坝中央航校入口处

1938 年 10 月 1 日，中国空军飞行军士学校在成都市郊外的太平寺机场正式开学。曹仁寿成为第一期飞行队学员，全班有 108 人，其中有来自上海的朱树廉、周福心，飞行教官是张岱山（菲律宾归国华侨）。学校大门口书写着“贪生怕死毋入斯校，升官发财勿进此门”。

中国空军飞行军士学校校门

学员们天天高唱校歌出操，豪情勃发：

锦城外，簇桥东，壮士飞，山河动！逐电追风征远道，拨云剪雾镇苍穹。一当十，十当百，百当千，艰难不计，生死与共！一当十，十当百，百当千，碧血洒瀛海，正气贯长虹！我们是新空军的前卫，我们是新空军的英雄！奋进，奋进，扫荡敌踪，保卫祖国领空，奋进，奋进，粉碎敌巢，发扬民族的光荣！

经过六个月的补修军官课程，飞行军士学校第一期改称为“中央航校十一期特别班”。军士生改称“军官生”，待遇得到提高，同时学员淘汰率也更高了。

经历了紧张的课程学习、繁重的体质训练和严格的淘汰选拔,1940 年 12 月 25 日(时为民族复兴节),曹仁寿终于毕业了。

1941 年 1 月,曹仁寿被编入空军第十一大队第四十二中队(驱逐机队),任下士战斗员。第十一大队第四十二中队驻扎在湖北省西南部的恩施军用机场。大队有 4 个中队,编有 15 架 P－66,73 名飞行员。

热血满腔

曹仁寿(1938 年)

1942 年,中国西南山区"驼峰航线"开辟后,曹仁寿奉命参加了从印度卡拉其接收新战机回国的任务。在美军"飞虎队"教官的帮助下,他很快掌握了 P－66 型飞机的驾驶技术,并冒险飞越了驼峰天险。在这条"驼峰航线"上,先后牺牲和失踪的飞行员有 1 500 多名,曹仁寿胆大心细,幸免于难。

新战机接回后,曹仁寿重返恩施机场。

1943 年 11 月,日军飞机一次又一次前来袭击恩施机场。曹仁寿与战友们旋即轮流驾战机升空迎击。11 月 21 日,恩施上空炮声隆隆,弹光闪烁,曹仁寿眼看分队长颜泽光和军校同期同学周福心(上海南汇人)、张传伟(安徽郎溪人)在空战中牺牲,十分悲痛,要求再次出击,为战友报仇。

这是一场场敌我力量悬殊的空战。人称"独立飞行二十小时就可上天作战""从空军学校毕业后活过六个月就算长寿",其中充满着传奇和悲壮。

此时,家乡来信告知,母亲在老宅因土匪抢劫不成而被活活烧死。曹仁寿闻讯痛不欲生,当即含泪写下《悼亡母》诗:

客乡千里闻母亡，我心惊恸似刀戕。
热泪潸然湿满襟，痛叹人生太无常。
我为安康日夜勤，一生未曾安乐幸。
而今瞑目长逝去，西游乐土犹有恨。
孤子漂泊浪半生，终未尽我养身恩。
而今母逝业未成，此恨绵绵何时尽。
我应奋发尊母志，借报吾母教养恩。
但愿母灵在天乐，聊慰孤身在世尘。

1944 年 2 月，曹仁寿又反复地撰写和吟诵忆母诗，情不自禁地将诗句谱成了一首歌曲：

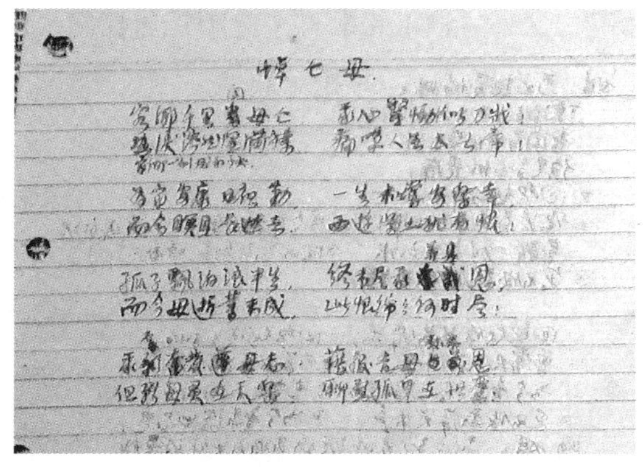

曹仁寿手迹

妈妈，亲爱的妈妈，漂泊在千里之外的浪子，惊闻着您的噩讯，该是多么的伤痛。回想起六年前的冬，您哭着送我辞乡，岂料一别竟成永诀。如今呼母不应，怎不使我泪湿满襟。啊！妈妈，我的亲爱的妈妈……

战地成婚

1944 年春，曹仁寿被调到空军第四大队第二十四中队（驱逐机队），驻扎在重庆市白市驿机场，选升为上士长。

白市驿镇位于重庆主城区的西大门，自古商贾云集，时属巴县管辖（今属重庆市九龙坡区）。1936 年建白市驿机场，1939 年开通国际航班，1940 年改扩建，跑道扩展至 1 900 米，用于起降飞虎队之 P－40 歼击机。

5月27日至9月6日，中国军队与日军进行长(沙)衡(阳)会战。其间，曹仁寿驾P－40驱逐机参加衡阳空战，数次奉命出击，与敌争夺战场制空权。在战斗中，他英勇善战，击落敌机一架。

6月，为了安慰曹仁寿，正在重庆投身救亡事业的本地名士张翼、彭利人出手相助，将他的未婚妻王素筠从家乡接过来探亲团聚。

8月14日，时逢中国空军节，曹仁寿与王素筠在重庆市的北碚举行了结婚仪式。

11月底，战局突然告急，曹仁寿即奔赴前线，投入“贵阳空战”。妻子独自留守在重庆。

当时，穷途末路的日军企图打通桂黔大陆交通线，沿黔桂铁路公路进犯贵州。贵州南大门独山地区失守后，贵阳、重庆等地势必被日军围困，形势十分危急。

空军星序奖章

幸好中国空军第四大队已有了新式战机，士气更旺，经过几番空战，掌握制空权，终于帮助地面部队收复了独山一带，使四川、贵州转危为安。

曹仁寿在这次贵阳空战中，与战友联手击落敌机一架。他与战友们奉命飞回白市驿机场时，备受各界欢迎。

1945年元旦，航空委员会在某空军基地隆重举行颁奖典礼，嘉奖建功飞行员，曹仁寿荣获二等星序奖章和二等宣威金质勋章，擢升中尉。

情洒碧空

中国人民越战越勇，抗战士气越来越高涨，空军战绩频传，曹仁寿看到了胜利的曙光。

1945年3月29日，时逢黄花节(黄花岗革命烈士纪念日)，天气特别爽

朗。曹仁寿夫妻俩携手一起登上飞机，从白市驿机场起飞，冲上了蓝天。

与丈夫一起在碧空畅游，王素筠心中充满着无限的快乐和兴奋，感道："空中拂拂的风吹在脸上，留下不少的春色。无意中嗅到山谷间的幽香，那种微妙的香气，想是由草木与流泉蒸发出来的吧！四周层峰叠翠，上彻云霄，山源川泽，尽收目底，心旷神怡，胸襟为之一畅，如此一览天高地厚，宇宙无穷。这一切怎不教我欢欣与留恋啊！"

曹仁寿在恩施机场

然而第二天，曹仁寿奉派前往印度，去接受新战机的技术培训。夫妻俩又分离了。

曹仁寿这次远行长达两个月。在印度，他在盟军教官的指导下，学会了P51 型新战机的驾驶技术。

5 月下旬，曹仁寿再次驾机飞越驼峰天险，顺利返回国内白市驿机场。就此，他成为一名令人仰慕的 P51 战斗机飞行员。P51 是新型战斗机，绰号"野马"（Mustang，美洲野马），闪耀银色光辉，犹如军中圣女。每一位 P51 飞行员，都是当时中国空军的佼佼者。

夫妻俩久别重逢，万分欣喜。

曹仁寿回国后的第三天下午，接到命令要调防到恩施机场去。临行时，王素筠鼓励他："大丈夫应该尽忠报国，安心杀敌，万不可留恋情海，埋没英雄。"她希望丈夫"去干个痛快，为了祖国也当杀身成仁"。曹仁寿当即为妻子拥有如此豪情而喝彩。王素筠目送丈夫驾驰"野马"神鹰，英武地汇入第四大队的机群，径直向恩施机场飞去。

谁也没有想到，此次离别竟成永诀。

“野马”扬威

1945 年 5 月 31 日，曹仁寿与战友驾驶十六架 P－51D 战斗机远征南京明故宫机场，与数量占优势的 30 架日军三式“飞燕”战斗机发生空战。空军第四大队飞行员充分发挥 P－51D 的速度优势，从高空俯冲而下，对日机发动凌厉攻击，获胜而归。

复兴荣誉勋章

6 月 1 日，曹仁寿奉命驾机出击南京城，迎战京沪日军飞机。在战斗中，他又击落敌机一架，受上峰嘉奖，获二等奖章一枚。

第二天，王素筠在重庆《大公报》上见到“第四大队绰号野马部队曹仁寿在南京上空击落敌机一架”的消息，激动万分。许多战友赶到王素筠住处前来道贺，家中高朋满座。

6 月 5 日，曹仁寿又奉命由恩施机场飞赴南京击敌。谁料刚刚起飞，发动机突然发生故障，又因跑道过短，处置不及，战机失事，他不幸殉职。年仅 32 岁。

当时，空军总司令周至柔将军，适在恩施机场视察。他目睹曹仁寿英勇牺牲，即以曹仁寿战绩辉煌，报请追赠其上尉军衔，并给予优恤。

当时，重庆地区连续遭遇雷电暴雨，王素筠不由为丈夫忧愁。眼看她即将临产，战友们只得隐瞒消息。而王素筠久不见丈夫回家，疑窦重重。战友们有的以伪造电文报告战讯来安慰她，有的模仿曹仁寿的笔迹继续“来信报平安”。

7 月 21 日，王素筠产下男婴，按照与丈夫的约定取名曹飞。战友们方才将实情告诉王素筠。

8 月 14 日，又逢中国空军节，航空委员会举行授勋典礼，曹仁寿因生前有 22 次战绩，荣获三等复兴荣誉勋章。

9 月 15 日，国民政府颁发《勋章证书》，并追授曹仁寿为空军上尉，奉颁佩剑。

英烈永生

1948 年，曹仁寿名列南京紫金山北麓“抗战航空烈士公墓”纪念碑之上。

1948 年 3 月 28 日，曹仁寿灵柩运回故乡，颛桥乡隆重举行公祭活动。1949 年 3 月 30 日上午，公葬活动在新建成的“仁寿堂”举行，并移送曹仁寿烈士灵柩安葬入墓。当天，《明心报》刊发《公葬空军烈士曹仁寿特刊》。同时，上海实验小学命名“仁寿楼”，以示纪念。

1952 年 7 月，由中央人民政府追认曹仁寿为革命烈士，颁发由毛泽东主席签署的《革命牺牲军人家属光荣纪念证》。家属将其佩剑、勋章等遗物捐赠给南京博物馆。

革命犧牲軍人家屬光榮紀念證

蘇南字第零弍捌零肆號

查曹仁壽同志在革命鬥爭中光榮犧牲，豐功偉蹟永垂不朽，其家屬當受社會上之尊崇。除依中央人民政府「革命軍人犧牲病故褒卹暫行條例」發給卹金外，并發給此證以資紀念。

主席　毛澤東

一九五二年　月　日

中華人民共和國中央人民政府之印

烈士证书

1959 年 11 月,中国台湾地区出版《空军忠烈录》,曹仁寿的事迹列入第一辑上册。

1995 年,南京抗日航空烈士纪念馆建立后,竖立烈士纪念碑,曹仁寿名列首批烈士名单之中。

20 世纪 60 年代,仁寿堂成了马铁厂铸铁车间。90 年代,因建轻轨五号线,仁寿堂旧址被拆除,灵柩移至闵行区烈士陵园。

2018 年 9 月 28 日,颛桥镇政府在仁寿堂遗址竖曹仁寿铜像,缅怀英烈。

2018 年 9 月 28 日,颛桥镇政府在仁寿堂遗址竖
曹仁寿铜像

皮影戏班

徐桂廷,向阳村曹徐宅人。1905 年自任班主,建立皮影戏班,成员有 12 人。戏班除在本乡及周边地区演出外,还赴松江、奉贤、青浦等地献艺。戏班所制皮人比一般尺寸略小,但色彩鲜明,并以唱腔和中场见长。1917 年停演。

刘子兴,联农村人,七宝毛门皮影戏班第三代传人。师承赵少亭,以表演出众而人称“打靶子”。1916 年,他与俞和尚联手,建立皮影戏班,活跃于当地乡村和集镇茶馆。1935 年,刘子兴已年老体弱,将戏班交给传人。马桥的罗桂芳、王书、王山等,继承他的表演艺术,而且分别组成戏班,各自在本地区演出,使当地兴起了皮影戏演唱热潮,直至 20 世纪 50 年代初,仍方兴未艾。

太保书传人

太保书,又称“祝献辞”,俗称“敲太保”,最初类似道教道场“太保”仪式上的说唱,借以酬神驱邪,祈祷福祉,后来演变为以说唱民间传说、历史故事为主的民间曲艺形式。时常进入茶馆演唱,或赴婚庆人家献艺,有短篇曲目聊以助兴,也有长篇曲目连演数日。

六磊村的朱福生(1889—1962)年轻时即拜师从艺,说唱口齿清晰,有条有理,声情并茂,远近闻名。其主要曲目有《珍珠塔》《三国演义》《七侠五义》等。

北桥扎灯高手

北桥地区向有庆典扎灯的习俗,1946 年秋和 1956 年之前曾多次举办民间灯会。

中心村俞家队杨义生(1913—1993),13 岁到上海小南门陈永丰灯彩制扎店,拜陈友财为师,学习灯彩工艺。艺成后,于 1935 年在上海蓬莱路开设义生祥灯彩作坊,并收徒两人。在抗战期间生意清淡,才停业回乡。

1984 年 8 月,北桥乡文化站组织杨义生、陈书亭、乔棣生、周跃祖、胡志新等扎制灯彩,逾月余,扎出狮、虎、马、鸟、蚌、湖船等,恢复了本地灯彩的风采。在此基础上,文化站组织民间文艺表演队,9 月 24 日在沪闵路北松路做首场演出。随后,表演队赴闵行、吴泾地区参加国庆三十五周年行街表演活动。1985 年,他们制扎的灯彩入选中国民研会上海分会举办的“中国上海艺术展览”,并送荷兰、比利时等国展出。

农民故事家朱永祥

朱永祥(1918—1999),向阳村人。从 7 岁起,就爱听自己的叔叔讲故事。随着年龄增长,他积累的民间故事越来越多,大都是劝人为善和因果报应的内容。上海解放后,他参加土地改革工作,跑遍了颛桥地区,对地方风物传说深感兴趣,有心积累,热情宣讲。因为爱讲民间故事,“文化大革命”期间曾被扣上“坏分子”的帽子。平反后,他并没有心存余悸,在 1986 年民间文学普查工作中大显身手。

1988年,朱永祥由上海民间文艺家协会命名为“上海市农民故事家”。今存他口述的民间故事有77篇。

能工巧匠

康金顺(1906—1990,安乐村人)、董才生(1911—1987,原名王杏楼,奉贤南桥人,入赘北桥)为民国时期木雕能人,黄家花园(今桂林公园)、南市老城隍庙,松江、苏州及上海近郊各地庙宇、厅堂、宅第均留有其作品。1967年,两人进社办雕刻厂后,上海雕刻六厂和各镇家具厂纷纷来料加工。

黄二村顾品堂(1876—1957),14岁从师塘湾乡姚老虎学艺,20岁独树一帜,身怀四绝(绘画、砖刻、泥塑、书法),尤其擅长多层次砖刻,又会泥塑。所雕景物层次繁多,山水、花卉、人物、亭榭均精微绝伦。他在北桥金山神庙、瓶山道院地姥宫精制的泥塑为本地代表性作品。

塑像高手刘俊杰(1892—1961),人称“戆美师傅”,六磊村王家塘人。14岁投师学泥工。由于勤奋好学,成为方圆数十里出名的泥水匠。造房、砌灶又快又好,还擅长壁画和塑制神像。

颛桥老街南街的刘诚余圆作坊,俗称“箍桶店”。师傅手艺精巧,制作的马桶成为本地女子出嫁必备之物。

牛桥村石家坛的金如海是个巧手竹匠,粗工扎篱笆,细工编篾席,总能又快又好。所制摇篮沿上有云头花朵,篮墙有八仙人物。所编篾席有《雀鹿同春》图案,极为精美。

联农村曾有刘家漆匠,相传四代,全乡闻名。第三代刘炳余能写一手好字,善画花鸟,擅长制匾额。

民乐班社

近百年来,本地民间音乐器乐班社有吹打、丝竹两种,称“吹打班”“清音班”(人数少则称“小清班”)。吹打班大多为道教活动服务,清音班时常为婚庆人家助兴表演。

1987年上海县文化部门进行普查时，本地区登记曾有十多个班社，建班最早的有糖糕头王永清吹打班（祖传五代）、方家浜王贵卿吹打班（祖传五代）、金家塘金其祥金家班（祖传五代）、徐家桥徐锡堂徐家班（祖传四代）、陆家塘俞杏初俞家班（祖传三代）、紫江村有庄维贤丝竹班。

第三章 岁月遗存

幸存的华阳庙古井

北桥东街留存的一段砖铺街路

颛桥老街民国风情

老街旧庙

颛桥老镇北街有永宁庵，俗称“北庙”，曾与三官阁、恒善堂（对贫民掩埋、施药的机构）相连。1978 年，三官阁正屋被拆除，余屋翻建为食品站和集体商店。现存一间偏殿为茶馆。

西街有福智庵，俗称“西庙”。相传，始建于元大德年间，供男女神像一对，有 20 多间庙房。南面曾设古戏台，飞檐高翘，时有演出。1910 年，在庵内建立颛桥初级小学，人称“西校”。抗战时期，沦为日伪军军营。1948 年，在此创建私立颛桥初级职业中学。

南街有华阳庙，俗称“南庙”。1909 年，庙内所有佛像被迁到山门间内，前埭房屋改作颛桥乡立第一初级小学堂校舍。

修桥人

据《民国上海县志》记载：

1919 年，里人张国华等重修永安桥（俗称“油车桥”）。

1923 年，里人孙逢吉等重修跨六磊塘的东塘桥。

1923 年,里人金殿赓等将跨沙冈的巷口桥由木桥改建为石桥。

1923 年,里人杨念敏等重修胜塘桥。

灯会出彩

本地灯会,俗称“出灯”,一般在正月十五元宵节举行,为期三天。遇特殊庆典、纪念活动,也以灯会形式举行。据《颛桥志》记载:为纪念第一次淞沪会战,1932 年春举办灯会,为期二十多天。1946 年抗战胜利,出灯七天。1950 年,庆祝完成土地改革,举行提灯会。

灯会出灯以商家和大户为主,邻乡也会前来助兴,展示的主要有龙灯、狮子灯、蚌壳灯、台阁灯、伞灯等。本地彩灯,即纸扎灯笼,花色繁多,造型生动,色彩绚丽,做工精巧,纸刻细腻。

伞灯,是明清以来流行的花灯形式,曾为元宵灯节之最。清末张春华《沪城岁事衢歌》描述:“月夜笙箫步绿塍,珠帘垂处小楼凭,吴绫输与谈笺纸,妙擅江乡算伞灯”,并称“灯之盛于二月者,俗为‘花神灯’,又名‘凉伞灯’,灯作伞形,六角,间有圆者,镂刻人物、花卉、珍禽异兽,细于茧丝,而缨络须带无不精妙,却皆以纸为贵,惟吾邑有之。谈笺,亦邑之土产”。

当年,颛桥人酷爱伞灯制作和提灯表演,每逢喜庆场合必有伞灯出场,至今还留下“颛桥灯越出越趣(漂亮)”之谚。颛桥的伞灯以凉亭为外形,以伞骨为支架,以彩灯为主体,以民俗为内容,拓展了花灯表现形式,又浓缩了多项民间艺术,尤其是不刻意追求富贵气派,而注重彰显田园气息,努力体现本地民俗风情,因此别具一格。

杜家厅

西街中段的杜家厅,是颛桥人时常议论的话题。杜家为清代官宦人家,老屋有一百多年历史。杜家厅坐北朝南,五开间门面,一井院落,为两层木结构房屋。大厅高约 6 米,长 7 米,宽不足 7 米,柱头有雕花,门上有典故雕

刻。北面天井用大方石铺成,屋后为小河。前厅部分于20世纪90年代被拆除。

当年,大厅中间靠北墙设有狭长的戏台,沪剧名家杨飞飞、邵滨荪、丁是娥等曾到此献演,观者甚多。解放初,这里曾改作颛桥区人民政府办公用房。1951年,在此设公共阅览室、活动室。后来改作供销社食堂。

茶馆店

1956年实行全行业公私合营之前,颛桥老街上有大小茶馆十余家,大多分为每天早上、中午两个市营业,早市天不亮就开张,午市到下午三点钟结束,是老街上一道引人注目的风景线。

民国时期,前东街有望月楼茶馆,临河而建,楼上五间。东有吴家茶馆,坐北朝南两间门面,不时邀请艺人唱滩簧、评弹。

后东街曹家茶馆是大草棚,六开间门面,吃茶听书者众多。

西街上,东段有吴家茶馆,坐北朝南,两间门面。中段有杨家茶馆。西段有马家茶馆,时邀小戏班前来演唱,颇具吸引力。

南街有张家茶馆,后来由供销社经营。

米市兴旺

1937年,颛桥老街上有花米行9家,最大的是西街8号何元兴米行。1942年夏,日伪修筑“清乡”封锁线,禁止粮食交易,以致上海城区米价疯狂上涨。因这里地处产粮区与上海城区交叉地带,促使米市交易畸形兴旺,街上的米行一下子增加到32家。众安桥十字街口成了交易大市场。

1926年,西街上有了姚永丰碾米厂,开始用机器碾米。1938年后,镇上碾米厂迅速增多,专营有7家,兼营有8家。最大的当属西街西段河南滩的“王万长”碾米厂,有八九间厂房。西街还有过永丰碾米厂、郑瑞丰碾米厂、俞协兴张义兴碾米厂等,东街有永鑫碾米厂、恒泰碾米厂。

北桥老街往事

北桥地区初名“北梁”，因有北扱桥而改名。地处沪闵、北松、北吴三路交会处，俞塘横越镇南，与横泾港交汇于东街。

北桥老街南临俞塘河，北靠明心教寺，东、中、西街连成一条长街，有1千米长。明万历年间，这里已形成市镇规模，初次被载入《上海县志》。然而后来发展缓慢，不进反退。嘉庆年间，北桥老街属十八保十七图，镇北为十九图，镇西乔家宅为十四图。

民国年间，北桥老街上有50多家工商户，最知名的有“黄通裕”“张聚昌”两家杂货店和“谭协美”切面店。

北桥耶稣堂

1913年，松江教区牧师袁明德、史友兰（时任上海市区慕尔堂主任牧师）在北桥镇西街137号创建了北桥耶稣堂，属卫理公会（基督教美国卫理斯教派），归普北牧区。

1921年，在北桥镇中市新建耶稣堂屋，面积83平方米，有教徒40余人。（1984年迁至北吴路1500号）。

修路风波

1922 年，当乡人听说沪闵公路工程要横穿北桥市街而过，顿时众说纷纭闹翻了天。当地有人宣扬“市虎过街，危害百姓”，乡人生怕招惹车祸拒绝筑路方案，图董生怕损失商市人气也不肯出面协调。僵持了好几天，没有结果。

为了照顾舆情，确保行人安全，时任上海沪闵南柘长途汽车股份有限公司经理的李英石只得做出让步，决定增加投资，在公路之上建一座钢筋水泥的大型旱桥，连接街道。此桥，人称“街路桥”，新建跨俞塘河的九号桥，人称“公路桥”。

1922 年 12 月 2 日，沪闵路段长途汽车线试通行，在北桥设车站，北桥老街人气回升。

在日寇铁蹄下

1933 年，上海县治迁入北桥地区后，老街商业逐渐转盛，可惜未及兴旺即遭抗战烽火打击。

1937 年 11 月 12 日，当地沦陷后，老街商民逃避一空，店铺内货物器具悉遭日军洗劫，沿街的门窗户栏被拆作燃料，墙壁凿通豢养马匹，尿屎满屋，臭气四溢。街上行人绝迹。

日军还召集流氓随意拆卸民房。老街上瞿桐生肉庄和朱义盛茶馆的楼房、周金生与曹得宝的住家平房、程厚生的制油厂房，先勒令乡民搬出，随后即拆得瓦砾成堆。前任北桥镇长杨某在西市住宅屋内的门窗木料，被拆得一干二净。

就此，老街东市从寺弄到横泾桥，数百间房屋全部无门无窗，人烟绝迹，阴气森森，不久竟青草铺地。

1938 年 9 月，眼看农家新棉登场，镇东市的恒和轧花厂开始营业。厂主孙某托人向上海军特部领得装货通行证后,雇用卡车装载花衣。不料,日伪军突然闯进厂来,将花厂工人逐一痛打,一口指认轧花厂“偷税漏税”,立即扣留运货卡车,还在厂门上贴了封条。最终,厂主孙某花费重金疏通关节,将花衣销售给日本人开的上海三井洋行,才算了事。

花园农场

1919 年,奉江苏令上海县建立五个县立农场,第五场设在北桥乡十八保七图,占地约 1.3 万平方米。次年五月,迁往杨思乡。

1930 年以后,随着沪闵公路的兴建,以及受俞塘民众教育馆的影响,北桥地区相继开办私营农场,种植果树、苗木和花卉,繁殖、培育稻麦棉良种。

1931 年,私营“上海苗圃”建场,面积约 1.7 万平方米,创办人张维宾,种植梧桐、枫杨、桃树、蜡梅等树苗。

1932 年,私营“亲民农场(寄春院)”建场,面积约 1.3 万平方米,种植树苗、花卉。

1932 年,这里列为“上海县农业改造实验区”,隶属南京国民党政府实业部,后改属粮食部。抗战时期,因无人管理而解散。

1937 年又新建一家私营苗圃,取名“融圃”。1938 年 4 月下旬,伪“上海县维持会”在“融圃”设伪“北桥镇区治安维持会”。

1947 年,私营“中华农场”建场,又名“南园”,面积约 1.3 万平方米,种植苗木、薄荷,繁殖小麦良种。

另有私营“奕园农场”(俗称“徐家花园”),面积约 1.3 万平方米,创办人徐紫禹,以种植花卉为主。私营“姚家花园”,面积约 6 千多平方米,创办人姚得富,以种植树苗为主。

1948 年前后,在横泾河东,北石河口北面,县政府出资建立“上海县良种场”,与亲民农场、中华农场、奕园农场等连成一片。1949 年 5 月底,革命烈士墓在此落成,安葬为解放上海而光荣牺牲的 119 名革命烈士(后迁莘庄的上海县烈士陵园)。

1949 年 8 月以后,上海县人民政府先后接收了本地区的私营农场。1960 年,这里改建为“上海县苗圃”。

1949 年这里试用水稻收割脱粒机

本地庙会习俗

北桥庙会的由来

传统庙会，本地俗称“出会”，称赶庙会为“赶节场”。每年农历三月二十八日，北桥老街举办庙会。清代《上海明心寺志》记载：“各岁每至三月二十八日，各乡各镇男女，大小摩肩接踵而来，不下万计。或云，昔石函大士以是日从秦望山归，而大众踩亭鼓吹，香花迎接。故迄今习俗相沿耳。”

而本地有一则美妙的民间传说，这样叙述北桥庙会的由来：

明心教寺的开山和尚大通禅师圆寂后，寺僧修筑华严塔安葬。后来乡人发现，塔脚边有不少旱螺蛳，只只又细又长，闻有香味，拾之不尽，深感奇异，广为流传。于是，有人煞有介事地说：当初，大通禅师圆寂后，小和尚按照佛门规矩，把他的尸体盘膝坐在荷花缸里，上面合上一只荷花缸。这“合缸柩”安放妥当后，四周砌砖，建成华严塔。因塔脚潮湿，天长日久，每逢春季黄梅天还潮时，自会长出小螺蛳来。相传，某年三月二十八日，有个看护华严塔的小和尚，突然起了牙齿痛。虽说牙痛不是病，但是痛起来真要命。他看见那种小螺蛳，就顺手拾一只来剔剔牙齿。想不到，剔了一息，牙齿竟不痛了，还透出一股香味。小和尚又惊又喜，告诉众人听。大家半信半疑，抢着一试，果然嘴里又香又适意。消息传开后，乡间凡是患牙齿痛的人，都会赶来拾香螺蛳。每逢三月二十八日，来拾螺蛳的乡人，排得有半里路长，说是“拾之剔牙，一年不痛”。而令人惊奇的是，这种香螺蛳，“拾死拾煞拾不完”。于是，北桥庙会应运而生，历代不衰。

颛桥创办重阳庙会

1922年入秋时节，沪闵公路基本建成，通车在即。公路自闵行老镇起，途经颛桥镇东转弯后，通向朱行、龙华、漕河泾等镇，可直达上海南市国货路。沪闵南柘长途汽车公司在颛桥镇东设车站，极大改善了当地的交通状况。

颛桥老街商界人士为此心潮涌动，预感到发展的好时机将要来临。而眼看稻米已经收割，农事进入“秋落档”，若是老街上趁机举办个大型“节场”，四乡农民自会来“轧闹猛”。何况，沪闵公路已连接城乡，说不定城里人也会来“看闹猛”。北桥镇凭借明心教寺的声望，每年农历三月二十八举办庙会，因此名声响、人气足，而颛桥镇上虽然有庙，但是香火不旺，因此历来没有人气十足的“节场”。如今，沪闵公路即将全线开通，而乡人大多没逛过“公路”，甚至没见过“汽车”，必定想来看看新鲜景致。若是借此机会，创办一个“节场”，必定轰动四方。

在乡董施有光的协调下，颛桥商界很快达成共识，决定在当年10月28日（农历九月初九）隆重举办一次“节场”，号称“颛桥重阳庙会”，抢先聚集人气。于是，各家店铺立即备足货源，大做广告，商会广泛联络各地客商前来设摊，邀请民间戏班前来助兴。

结果，颛桥老街首次“重阳庙会”持续热闹了三天，沪闵公路未曾通车即成为人们必游的观景，老街上人流如潮，商家生意兴隆，乡人齐声叫好。

从此，颛桥老街每年重阳节都要组织举办庙会（也称“物资交流会”，俗称“赶节场”），有时从九月初九竟持续热闹十天至十五天。因抗战爆发，1937年起停办，1948年起恢复。庙会成为本地区最重要的地方俗节，至今仍在延续，并发展为上海市级重阳民俗文化节，因以颛桥桶蒸糕为主的传统糕饼成为聚焦点，所以近年简称为“颛桥重阳糕会”。

野三官堂名声响

所谓三官堂,是指信仰天、地、水三官之地。在颛桥镇向阳村谢家塘和曹徐宅旁边,自古有一座老庙,被称作“野三官堂”。庙内有一株五百年的古银杏,树高叶茂,数里外可见,因此老庙又名“大树庵”。《颛桥志》记载:清宣统元年(1909),这株银杏树结白果数十枚。

这里,历史上为上海县长人乡十八保二十图、二十二图、二十四图三个图的交界地,这老庙古树自然成为地标,乡人皆知。

地方志书记载,此庙“始建未详,明崇祯十三年(1640),里人翁南屏重建”。这里流传的民间传说细述了此事的由来:当时,翁南屏驾船运粮,途经老庙北面的蟠龙桥时,眼见三个身穿儒巾道服的老者在高声呼喊,催其赶快过桥。翁南屏不问情由,闻声加速,粮船刚刚驰过石桥,桥身即塌落下来。翁南屏吓出一身冷汗,等他回过神来想感谢呼救者,可是三个老者已不见踪影,眼前只有一座破庙。他死里逃生,认定必是庙神显灵,因此出资重修了老庙。

另有一则民间传说称:清乾隆二十七年(1762),南汇人毛鸣冈因母亲患病,四处求神寻医,可是全都无效。一日,他梦见三官神,得知这里野三官堂

银杏树的根部有仙水。毛鸣冈急忙赶来取水，母亲服后果然病愈。于是，他出资重修老庙，还将此事刻在木匾上，悬挂庙内。据称，木匾毁于1958年。

1915年春，里人周金清在老庙内创办北桥乡立第二小学，有学生30名。后来，迁到陆家墙里，改称“竞择初级小学”。

野三官堂及古银杏树的名声不小，直接影响了当地的地名。自1934年起，这里称“大树乡”。1950年4月，更名为“三官村”。5月，恢复“大树乡”。1956年2月，撤销“大树乡”。1958年，成立人民公社前后，地名多变。1962年4月，改称“紫阳大队”。1964年，更名为“向阳大队”。1984年，改设“向阳村”。

“文化大革命”期间，野三官堂庙内神像尽毁。1977年，庙房被拆除，仅剩一株古银杏树。1980年，当地划出300多平方米土地，设立古树保护区，当时树高约15米，树围近5米，仍有树枝逢春发芽。可惜，1997年清明节时，一烛小火将银杏树烧得千疮百孔，奄奄一息。

项栅里的房子

光明村新民生产队有个村宅叫项栅里，在明朝时就建宅了。

当初，有朱氏兄弟在此定居，开荒种田。他们自己动手，起造了三开间住房。出奇的是，住房正面不装大门，也没做木窗，只是用木板做成项栅，早晨打开，进出无阻，夜里闭上，平安大吉。如此不厌其烦天天搬动项栅，虽说繁琐，但他们感到这样生活可以不碍手脚。为此，该村宅人称“项栅里”。

兄弟俩勤劳，妯娌间和睦，住房一再扩建，子孙兴旺。而且，他们的造房手艺传宗接代，远近闻名，人称“项栅帮”。

“糖糕头”成品牌

在颛桥老街西南角，原群力村六队和五队的西半宅（今属莘庄工业区），过去人称“糖糕头”。一个大村宅，竟然取如此宅名，不是乡人懒得动心思，而是一则特殊的行商广告。

这里一向盛产稻米，新谷登场，农家就会碾米制糕，酬谢各方。逢年过节，各家各户都会自制桶蒸糕，吃得高高兴兴。为了生计，农闲时也时常蒸制些糖糕，到镇上去沿街叫卖。因为这里祖传的糖糕蒸制技艺出众，吃口香糯不粘牙，因此广受好评，远近闻名。日长时久，糖糕成为这个村宅的品牌，"糖糕头"也就成了这里的地名。后来，附近的刘家塘、张家塘也有人家自制糖糕，外出贩卖。

"糖糕头"的王永清吹打班，也远近闻名，传承五代人，直到 20 世纪 50 年代。

净土乡与净土庵

光辉村七队孙家桥清代时就有一座净土庵，庙屋十余间，庭院内有一株古银杏，庙虽小，香火却旺。净土，本是指佛国清净国土，众生皆行十善，身口意三业清净，无有众苦，但受诸乐。这无疑是乡人世代向往的境界，因此当地曾经长期称为"净土乡"。

1933 年，里人吴锡儒在这里创办私立净土初级小学。后转为乡办，改称"净土国民学校"。

净土庵庙东顾家屋边有一株朴树，有 200 多年树龄，树干中间已空，可以容人，树枝大多已枯，仍有一枝逢春发芽。

上海县治迁北桥

市县分治一波三折

元至元二十八年(1291),松江府决定划出华亭县东北五乡二十六保分设上海县。翌年(1292)闰六月,正式宣布设立上海县。县衙设在原上海镇守衙内(小东门十六铺),与上海镇守总管府、运粮千户所合署办公。

1911年辛亥革命,上海光复以后,当局选定提标右营基地遗址(今蓬莱路171号)建造新楼,改名为"上海市政厅",俗称"新衙门"。

1927年7月4日,鉴于上海在全国的特殊地位和复杂情况,当局计划撤销上海县,建立上海特别市。7月7日,上海特别市政府成立,所辖区域发生重大变化,将原属青浦、松江县的七宝乡和松江县莘庄乡小涞港和竹港以东地区划入上海特别市。而关于撤销上海县的议案,遭到强烈反对。9月,刚上任仅半年的上海县县长邵树华被调离,由江家瑂接任。然而,反对撤销上海县的呼声并没有平息,争执持续发酵,议案无法实施。

1928年2月,上海县闵行、北桥等12乡董事对市府工务、公用等局的咨询、有关调查各事公函,以闵行等乡不在市政府管辖之下为由,不予答复。并以"区域范围未定,政治庞杂堪虞",联名具呈上海县府,"请明白宣布"。上海、松江、宝山、南汇、青浦等五县各法团,因为上海特别市与县区域权限不清，联合发起“五县县治讨论联合会”，3 月 8 日在上海县教育局召开成立大会，并于次日在《申报》发表《松宝上南青县治讨论会宣言》，公开责问为何要撤销上海县。

3 月 25 日，国民政府组织审查委员会，讨论上海和南京两特别市政府的权限和管辖区域等问题。5 月 11 日，上海特别市政府派员到达上海县政府，准备接收，而县府拒绝奉行省令，不便移交，接收未果。5 月 17 日，上海、宝山两县行政联席会议向江苏省政府正式表明不愿划入上海特别市内的态度和理由。国民政府内政部却不予采纳，于 6 月 14 日派员来沪，组建有省、市代表参加的接收市乡筹备委员会。23 日，筹备委员会召集会议，做出有关划界、公安、建设、税收等 12 项决议，并确定 7 月 1 日为市、县交接日。7 月 1 日，上海特别市政府再次派出 7 名代表赶到上海县政府办理交接手续。上海县政府仍然坚持己见，未奉省令，也未能达成协议。随即，县、市两府分别致电江苏省政府，请告知办法。7 月 3 日，上海县政府奉江苏省民政、财政两厅训令，只得先将部分同意划入上海特别市区域内的行政、财政、教育各职权造册。7 月 9 日，上海市政府派员到上海县政府办理交接手续，实施市、县划界，从此实行分治。结果，江苏省政府终于同意将塘湾、北桥、马桥、颛桥、曹行、陈行、三林等 7 个乡和闵行镇列为暂缓接收区。

上海县遂仅存西南七乡一镇，县境减缩十分之六，仅 152.86 平方千米，人口 11.4 万，为江苏省 61 个县中面积最小、人口最少的一个县。因县境缩小，从一等县改为三等县，县府机构相应缩小，设秘书一人，改三个科为两个科，改公安、财政两局为科，此外有教育局、建设局、册单局、公款公产管理处和农业改良场等县直属机构。

县治终在北桥落地

由于变更仓促，上海县治来不及迁移，上海县政府寄居南市杨家桥。不久，在闵行镇设立上海县政府临时办公处。

按惯例，闵行镇作为上海县首镇，就此成为县治所在地，实属顺理成章。

而由钮永建创办的俞塘民众教育馆声名远播，成为上海县文化中心，因此有不少人主张将县治设在马桥地区。

1931年初，南京《中央日报》总编辑严慎予（1901—1969，浙江海宁人）奉命前来担任上海县县长后，认为闵行镇位置偏南，选定在沪闵路市面并不繁荣的北桥段，这里既清静，又利于发展。匆匆以出售"新衙门"的房地产得款八万元，购田五十余亩，在此建造上海县政府办公大楼。同年5月5日，严慎予主持了办公大楼奠基开工仪式（奠基石至今幸存）。大楼由大方建筑公司设计，工程由中华营造厂承建，于次年6月11日正式开工。

然而，争议还在继续，30岁刚出头的严慎予左右为难。江苏省公署对上海县迁治事项"迟延日久"，深感不满。正巧，因寓沪洋人"猎纸会"连续多年擅自在闵行镇郊举办冬季越野赛马活动，"百十成群，度阡越陌，所经之处，田苗悉遭蹂躏，既妨国权，又害农田"，再三制止无果，终于激起民愤。江苏省公署抓住严慎予监管不力的把柄，以"抗不迁治、忽视领土"呈报监察院，提出弹劾。

严慎予急了，一再申诉辩解。1933年1月9日，下令将县政府办事机构全部从南市杨家桥迁入刚建好的办公大楼。但他得罪公署的行为难以挽回，当年12月3日，严慎予遭中央公务员惩戒委员会查处，"降二级"调到无锡县任县长去了。

北桥镇就此正式成为上海县治所在地。先后修筑的沪闵公路和上松公路（今北松路）在此交会，这里逐渐显示出县治所在地的气派。

1929年，60岁的钮永建（1870—1965，字惕生）辞去江苏省政府主席要职，返回家乡马桥俞塘村创建规模巨大的俞塘民众教育馆，很快成为西南诸乡的文化中心。

于是，上海县形成了行政中心在北桥镇，而商贸、交通中心在闵行镇，文化中心在俞塘村的格局。三足鼎立，形成"既互补，又竞争"的关系。

普慈疗养院趁势崛起

1933年6月29日，上海普慈疗养院在沪闵公路颛桥至北桥段中间终于正式落成,成为沪闵公路上最亮眼的地标性建筑。这是在上海著名企业家、慈善家陆伯鸿(1875—1937,原名陆熙顺)的倡议下,由上海天主教在俗教徒组织“公教进行会”向社会集资,并得到上海市政府公共租界工部局及法租界工董局的赞助,营造了两年多才建成的。当天下午三时举行的开业典礼成为上海滩“头条新闻”。

始建时,该院仅有医师2名、护士2名、药师和检验师各1名。9月下旬起开始收治精神病患者。不久,分设医务部、社会服务部及医药服务部,有病床300张。后来,疗养院可容纳600名病人,成为当时远东最大、设备最完善的精神科专科医院之一。

普慈疗养院内景

陆伯鸿为普慈疗养院首任院长,聘请法国、比利时籍修士、修女负责管理。院内设教堂,常驻法国籍神父。

普慈疗养院占地约7.9万平方米,先后建造了50多幢房屋,建筑面积约3万平方米,大多西式风格,其中又有不少中式元素。院大门面东,面对沪闵公路,为中西合璧式门楼。在大门楼与教堂之间有西式花园,中间有圆形喷

水池。而在南部建有中式花园，围绕莲花池有亭台、廊榭、曲桥、假山喷泉，曲桥望柱头塑有莲花和石狮子，花园四侧分别置有黄石堆砌的青龙、白虎、朱雀和玄武的假山雕塑。

民新楼成为新地标

沪闵公路北桥段最亮眼的地标原先是明心教寺的钟楼。1932 年 9 月 2 日，上海遭遇强台风，年久失修的北桥钟楼被刮得破败不堪，难免会倒塌。于是，人们主张在上海县政府大楼的东南角重建钟楼，当政者讲究时尚，将其改为混凝土结构，仿北京鼓楼，呈方形，但其顶部仍旧保持原貌。1933 年 6 月 12 日招标，由松江朱炳记营造厂承造。6 月 20 日，正式开工。

1934 年 5 月 2 日，新建钟楼竣工，高近十八米，宽近九米，楼基平台宽十五米五十三，占地八十二平方米。一至二楼为混凝土结构，外形仿照北京地安门鼓楼呈四楞直筒方形。三楼有城堞式回廊，中间有厅堂，为砖木结构，单檐庑殿式屋顶，檐角如翼似飞，引得路人关注。建筑整体为中西合璧的效果，乡人戏称“身穿中山装，头戴瓜皮帽”。

民新楼

8 月 8 日，新钟楼揭幕启用，正式定名为“民新楼”，也称“民新塔”，但乡人仍俗称“北桥钟楼”。钟楼底层为国货农产品陈列室，二层设图书及无线电收音室，三层悬挂明心教寺大铜钟，供作息报时之用。墙外四周由沪上名士王一亭等题写“钟楼”“发人深省”“清澈闻根”“百八共省”等字样。钮永建为之谨撰记识。从此，民新楼成为沪闵公路北桥段的新地标，也给乡人带来新的希望。

遭遇战乱政权变迁

1937 年 11 月,侵华日军侵占上海地区。上海县沦陷后,县府大楼被日伪政权占领。

1945 年抗战胜利,8 月 17 日重庆派来的接收上海县的人员到达上海县三林乡(今属浦东新区三林镇),上海县政府组成人员马上借三林镇南行街 26 号康姓私宅办公。经考察,发现北桥原县府诸建筑损坏严重,需要重修,故决定先暂驻闵行镇,待北桥县府建筑修复后再迁回。

1945 年 10 月,上海县政府成员从三林镇南行街迁到闵行镇北庙(今新闵路 530—532 号)办公。

1948 年 6 月 14 日,北桥的县府建筑修复完工。次日上午,县政府成员正式从闵行迁回北桥原址办公。下午,钮永建赴上海县政府办公楼视察,参加庆祝大会,强调“上海县地位之重要”,赠送亲书立轴“再造斯邦”。

1949 年 5 月,人民解放军占领北桥,在此建立上海县人民政府。

1954 年 4 月,上海县人民政府从北桥迁往闵行镇建设路 1 号(后为闵行三中所用)。随后,原县府建筑由解放军部队使用。

2000 年 9 月,民国上海县政府旧址被闵行区政府列为文物保护单位。2006 年 8 月起全面修缮,于 2007 年 2 月竣工。2014 年 5 月,被上海市政府列为文物保护单位。

上松公路的由来

当年,上松公路(今北松公路)自松江县城西门外马路桥起,经新西门、城中、新东门、华阳桥、车墩,上海县汇桥、马桥镇、俞塘抵达北桥镇,连接沪闵公路,全长 18.5 千米。上松公路与俞塘河基本平行,北桥车站以明心教寺遗存的银杏树为标志。

1932 年 10 月 10 日,沪杭公路凭借沪闵公路终于全线开通。上松公路同日开通班车客运线,与其衔接。当时,车行道宽 4 至 5 米,泥结碎石结构,人称“石屑路”,沿途路桥均为木桥。虽说路况远不及沪闵公路气派,但松江县由此通达沪闵公路后,可直达上海城区,至 1956 年仍是沪松间主要的通道。

修筑“上松路”的主持者是殷石笙(1880—1951),金山县亭新乡人。曾随父行医,后留学日本,攻读法律。在日本,与钮永建一起结识了孙中山先生。归国后,在上海英租界担任律师。孙中山为殷石笙提名殷组军,希望他组织武装推翻满清。于是,殷石笙投笔从戎。北伐军攻打上海时,他参加钮永建部学生军,担任营长,攻打上海制造局。南京国民政府成立,钮永建与殷石笙一同住在南京市厅后街 8 号。钮永建担任江苏省政府主席后,举荐他出任苏州市公安局局长、安徽烟酒专卖局局长。1930 年 10 月回松江定居。1931 年,殷石笙眼看李英石修筑沪闵公路,开通沪闵公交线,也效仿他发起成立上松长途汽车股份有限公司，邀请钮永建出任董事长，自己亲任总经理，筹集9千元（银圆），筹借2.9万元，动工修筑上松公路。取得客货运输20年专营权后，购置33座大客车6辆及4座小客车3辆，开通私营跨省市班车客运业务。1933年1月1日，与经营沪闵线班车客运的交通股份有限公司共办客运联运业务。1935年垫款建成松泗公路，次年又建成砖佘公路。

上松公路由北桥出发，途经马桥俞塘村，这里是钮永建的家乡。因此，上松客运线开通第一天起就在这里设立了“招呼站”，方便钮氏族人出行。

上松公路开通后，沪闵公路多了一条支道，北桥人趁势在路口周边建屋开店，迅速形成市面，使北桥镇区有所扩展。

1937年“八一三事变”爆发后，上松公路客运班车仍坚持营运了近两个月。11月5日，松江县沦陷，被迫停止营业。车站及线路设施遭侵华日军摧毁。1946年4月15日，上松长途汽车公司复业，租车恢复松沪间客运联运班车。1951年，江苏省苏南汽车运输总公司上海分公司收购上松公司全部财产。

如今，北松公路是国道G320的起始点。

从星河湾回到中沟新河湾

都会路3799弄，如今的星河湾国际社区，已成为颛桥镇的新地标。这里以逾50万平方米的占地规模，坐拥一幢又一幢高品质住宅楼以及近2万平方米的湖泊，西瓦斜坡尖屋顶、鹅黄色雕花立面的建筑风格吸人眼球，相配套的五星级酒店、商业街、体育馆、幼儿园、中小学等优质资源充满时代感。

而本地人依然亲切而自豪地称这里为中沟村。沿着老沪闵公路的遗踪，人们的思绪不知不觉回到了十多年前，脱口感叹，这“星河湾”来自当年的中沟新河湾，即中沟村第九生产队。

今天的中沟村，位于闵行区颛桥镇东北部，北界春申塘与莘庄镇相邻。而100多年前，这里的西部属松江县华亭乡三十保四十二图，东部属上海县长人乡十八保六并三十七图。1937年，西部属松江县横泾乡，东部属上海县净土乡。1948年，均属上海县颛桥镇。1950年，分属上海县颛桥区净土乡和塘湾区横泾乡。1954年，归上海县横泾乡。1956年2月，归上海县颛桥乡。1956年春，在这里建立星光高级合作社。1958年9月，改称“勤丰人民公社六大队”。1959年，改称“曹行公社星光大队”。1962年4月，又改称“颛桥公社星光大队”。1982年9月，又改称“颛桥公社中沟大队”。1984年7月，为上海县颛桥镇中沟村。1992年11月至今，为闵行区颛桥镇中沟村。

中沟村原有15个生产队及众多传统村落，地名丰富多彩。一队有

“老宅里”“花园头”“小方家浜”，二队称“乔家宅”，三队称“乔家塘”，四队有“高场头”“南顾家塘”“小桥河南”，五队为“张家塘”，六队称“北顾家塘”，七队称“大张家宅”，八队有“中沟宅”“翁家湾”，九队有“新河湾”“中沟”，十队称“斜桥头”，十一队有“潘家塘”“孙家塘”“刘家塘”，十二队称“李家圈”，十三队称“翁板桥”，十四队称“蒋家圈”，十五队称“北张家”。

十三队的翁板桥，曾为上海、松江两县及梅陇、莘庄、曹行、颛桥四乡临界地。抗日战争时期，地为要道，繁荣成市，有商店 30 余家，仅茶馆就有 5 家，时称“翁板桥市面赛莘庄”。

当年，东西向的尺马西浜和南北向的北八尺沟，灌溉着中沟村的广阔农田，使这个自给自足、逢熟吃熟的乡村社会延续了上千年。自 1922 年起，随着沪闵公路的修建和沪闵公交线的开通，这里率先迈开了现代城市化建设的步伐。1933 年，这里建立了中沟小学。

跨入 21 世纪，随着莘奉高速公路（A4，现称“沪金高速公路”）的修建和金都路的沿线开发，当地迅猛发展，“星河湾”应运而生，昔日田园变成了都市。如今，人们正在将这里建成更加生态、人文、宜居的美丽家园。

第四章 史事实录

1937 年 11 月侵华日军占领上海县政府

上海市以南
上海縣城解放
江蘇省除寶山崇明外全部解放

贛北門戶九江解放
湖北連續攻佔鄂城陽新

西安北面解放高陵

新鄉國民黨軍出城改編

駐鎮江解放軍某部
宣傳政策嚴守紀律
深得新區羣衆稱讚

疏修堤工

追悼死難工

無錫車

松江

1949 年 5 月《解放日报》书影

清末民初的地方自治

地方自治是近代中国新兴资产阶级用来反对封建专制、反对中央集权，争取参与政权的一种政治主张。上海城厢是最早实行地方自治政策的地区，清光绪三十一年(1905)10月，“城厢内外总工程局”成立，专办地方公益事宜。

光绪三十四年(1908)十二月，清廷颁布《城镇乡地方自治章程》，规定各乡设立议事会和乡董，实行议事与行政分列。乡议事会由选民选举产生，地方自治执行机构只设乡董和乡佐，自治事项有学务、卫生、道路工程、农工商务、慈善事业、公共营业等。

在实施地方自治过程中，本地有志之士趁势走上社会大舞台。

地方自治始末

清宣统三年(1911)正月，上海地区实行地方自治制度。

正月，北桥乡建立议事会、董事会，乡自治公所设在明心教寺荷池山房十勿斋故址。公推出议事会议员八人，周同德任议长，陈珍任副议长，乔锡增任乡董，赵澄澜任乡佐，议员有戴元高、姜祖承、乔庆福、徐云卿、陆杏林、王懋功等。二月，颛桥乡建立议事会、董事会，乡自治公所设在颛区小学，张国华出任议长,施其光任副议长,俞怀卿任乡董,颛区小学校长何其章任乡佐。

1912 年 6 月,北桥乡议事会改组,陈珍改任议长,陆名卿任副议长,乡公所迁到明心教寺十勿斋故址。颛桥乡议事会改组,张国华连任议长,刘永一任副议长。

1913 年 2 月,周钺当选为江苏省议会议员。

1913 年 6 月,颛桥乡议事会议员半数任满,留任六人,改选六人,俞孟德任乡董,施其光任乡佐。八月,北桥乡议事会议员半数任满,留任五人,改选五人,乔锡增连任乡董,陆杏林任乡佐。

同年 8 月,上海县议事会成立,北桥乡赵澄澜、颛桥乡楼望镕当选议员。

1914 年 2 月 3 日,袁世凯颁布停办各省自治令。3 月,由上海县公署委陈珍为北桥乡经董,施其光为颛桥乡经董。

1916 年,施其光、张国华等依照部定规程组织成立颛桥教育会。8 月,陈珍辞职,戴元贞任北桥乡经董。1922 年,戴元贞病故,乔梅岑任北桥乡经董,杨撰群任副经董。

1923 年 6 月,江苏省下令恢复各地自治机关。12 月,北桥乡杨福麟、颛桥乡李建庸当选上海县议事会议员。因乔锡增病故,北桥乡增补李学能为乡董。次年 7 月,北桥乡改选孙世本为乡董,颛桥乡仍选施其光为乡董,俞诚意为乡佐。

1927 年起,北桥、颛桥乡建立行政局,地方自治结束。

北桥乡董乔锡增

乔锡增(? —1915),字子卿,世居北桥。光绪三十一年(1905),乔锡增与朱洞宾率先创办“北桥公学”,开时代风气之先。次年,乔锡增又与黄金照、陆杏林、赵澄澜等九人创办北桥小学堂。宣统三年(1911),乔锡增被推选为乡董。民有涉讼者,辄为劝导和解之。乡人逐渐形成共识:乔董理乃地方人民之代表也。乡曲不能无是非,而是非无不可理喻。即为和解,不可留

伏讼端，必须使人彻底了解，乃能和息。于是，乡里多自愿息讼，民俗以和为贵。

颛桥乡董施其光

施其光，字安生，世居颛桥老镇南街。清光绪三十四年（1908）年初，他与张国华在颛桥镇北街张家小屋内创办私立颛溪小学堂，出任校长。宣统三年（1911）二月，张国华被公推为颛桥乡议事会议长，他被公推为副议长。民国二年（1913）六月，他担任颛桥乡公所乡佐。次年三月，上海县公署委其为颛桥乡经董，主持乡公所工作。

1921年11月，施其光被推举为沪闵南柘长途汽车股份有限公司监察人，积极支持李英石修筑沪闵路，代表颛桥协调各方。沪闵公路筑成后，鼓动颛桥商界趁势拓展。1923年8月，带头自建协泰轧花厂，谋求地方产业新发展。

民国十三年（1924）七月，施其光当选为颛桥乡乡董。1926年，他提携张国华之子张翼担任颛桥中心小学校长，后又全力支持其创办上海县农民教育馆。

1948年11月，颛桥中心国民学校举行建校四十周年纪念活动时，为缅怀首任校长，特意修筑“安生路”。

创办新式学堂纪事

清光绪二十七年(1901),在“戊戌变法”的推动下,清政府实行新政。次年8月,清政府颁布《钦定学堂章程》,允许并鼓励各地兴办新式学堂,并逐步废止科举制度。

随着革命军兴起,新文化风行,上海县十八保地区闻讯涌现几家新式小学堂,并大力推进地方自治。

北桥地区

清光绪三十二年(1906),由本地医生陈友儒发起,黄金照、乔锡增(字子卿)、陆杏林、赵澄澜等九人联手借用明心教寺余屋,创办私立北桥小学堂,原有私塾大多并入,所教科目有国文、算术、修身、常识、体操、手工等,人称“新法学堂”。

次年正月,陆杏林又在北桥地区赁屋创办私立沥东小学堂。乔锡增、朱洞宾筹办北桥公学。

宣统元年(1909),陈珍在北桥创办尚志初等小学堂。宣统三年(1911)并入北桥小学堂。

1915年,戴龙瑞在北桥镇西乔家堂创办私立东乔小学堂。

颛桥南北街

光绪三十三年(1907)正月,北桥的赵澄澜到二十四图的赵家塘创办了求是小学堂,深深触动了颛桥镇人。

次年年初,颛桥镇上的张国华(1876—1923,字达卿)、施其光(字安生)、何其章(字淡人)、何访梅(字新畬)、周钺(字铁铮)等中青年人,眼看邻近乡镇的好友们率先兴学,也坐不住了。他们同样饱受科举之累,对维新思潮一拍即合,决定说干就干。

张国华时为任恒堂经理,生性活跃,颇具才气,又富有善心,喜欢四处奔走,“娴习婚丧礼数,里有事辄为襄助,里人感之”。他在本地年轻人中脱颖而出,成为追随维新思潮的时代新人。

于是,张国华立即腾出自己家宅的两间小屋,在好友们的支持下,创办颛溪小学堂。尝试新式教学方法。他们“有鉴于附近学童之痛苦,乃首先创设门馆学堂,招集学龄稚童,围坐于方桌,先日朗诵。其教学之步骤,始从方块字而联句文,进而读之乎者也古体文,与论言人韵之诗词,写字自描字空格而临帖,作文自联字造句而诗赋八股。其教学之方法,须将文篇读得纯熟,不求详解,每人总须读过几百篇之名著,揣摩呻吟,至能背诵,然后执笔为文,待腕自能熟”。

当年十月,张国华与何其章、姜渭渔等,租用南街民房,将三所私塾合并,创立了颛区小学堂,推何其章出任校长。当时,虽然只有一个班级,一个教师,三十余名学生,但是采用新式课本,实施新式教法,令人耳目一新。

次年,即宣统元年(1909)三月,经行政当局核准,颛区小学堂改名为“颛桥乡立第一初级小学堂”。张国华、何其章等排除守旧势力的阻挠,将华阳庙(俗称“南庙”)大厅内的所有佛像迁到山门内,利用庙宇前埭房屋作为校舍。农历四月二十日,俗称“学生仔生日”,华阳庙内第一次传出朗朗读书声,乡民齐声叫好。学校有了这两间新教室,以复式编制上课,教学环境有所改善。师生们欢喜若狂,约定今后每逢“学生仔生日”,都要吃寿面予以纪念。

张国华和伙伴们的兴学义举，赢得了社会各界的好评，也锻炼了他们走上议政参政道路的勇气。

1916年，施其光、张国华等依照部定规程组织成立颛桥教育会。

1926年1月，张翼调任颛桥乡立第一初级小学堂校长，即全力筹资，建造六上六下的新校舍。9月，罗网良师，增设高小班级，扩展成为完全小学。学校大厅称“先贤堂”，专为慷慨捐资助学的施其光、周钺、何访梅三位乡绅设置座椅。

1929年，由县教育局拨款和地方人士捐助，又增建校舍六间，扩充体育场，更名称“上海县立颛桥小学校”。

颛桥西街

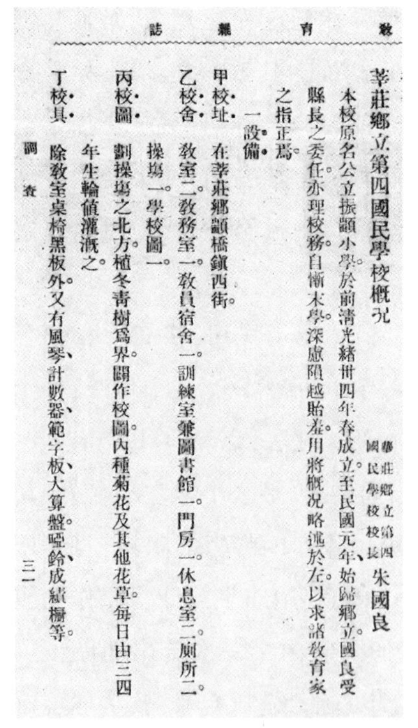
教育雜誌

莘莊鄉立第四國民學校概況　莘莊鄉立第四國民學校校長　朱國良

本校原名公立振顓小學。於前淸光緒卅四年春成立。至民國元年、始歸鄉立。國良受縣長之委任。亦理校務。自慚末學。深慮隕越貽羞。用將概况略述於左。以求諸教育家之指正焉。

一 設備

甲 校址 在莘莊鄉顓橋鎭西街。

乙 校舍 教室二。教務室一。教員宿舍一。訓練室兼圖書館一。門房一。休息室二。廁所二。操塲一。學校圖一

丙 校圖 劃操塲之北方植冬靑樹爲界。闢作校圖。圖內種菊花及其他花草。每日由三四年生輪値灌溉之。

丁 校具 除教室桌椅黑板外。又有風琴、計數器、範字板、大算盤。啞鈴、成績櫥等。

調查　三一

《教育杂志》书影

清光绪三十四年(1908)春，乡人在颛桥西街福智庵内建立一所“振颛小学”，乡人称“西校”。据1920年第22期《教育杂志》刊载的《莘庄乡立第四国民学校概况》介绍：“本校原名公立振颛小学，于光绪三十四年春成立，至民国元年始归乡立。”民国元年(1912)归松江县莘庄乡立。1920年，朱国良受县长之委任为学生校长。当时，有教室两间，教务室一间，教员宿舍一间，训练室兼图书馆一间，门房间一间，休息室两间，厕所三间，有操场和校园。时有校长兼教员一人，级任教员一人，助教人员一人。一年级学生15人，二年级11人，三年级24人，四年级10人。

颛桥北街周家命案

颛桥北街 24 号，是镇上头号财主周钺(字惕生，号铁铮)的家宅。周氏家业殷实，其店号为“周义隆”。周家宅院始建于清嘉庆年间，光绪年间扩建，人称“周义隆宅”，是镇上最显赫的私家宅院。

周静娟之死

1913 年 8 月，颛桥镇周静娟因自由婚姻被父亲逼死于江中。《申报》持续跟踪报道，随着司法界和文学作品的介入，此案成为轰动上海滩的公共事件。

周钺家业殷实，有子女 16 人。大女儿周静珍嫁闵行镇黄艺锡(1878—1953，字润书，1904 年初赴日本留学)，1914 年因病逝世后，黄艺锡纳其妹周静芝为继室。

周静娟幼年聪慧，生而静婉，举止端庄，先后入上海务本女学塾、竞化女子师范学堂、中国女子体操学校学习，毕业后又入胜家公司学习机器缝纫，数阅月而尽得其艺。因周钺有一妻数妾，周静娟生母年衰懦弱，“不敢有所主张”，而她对后母看不入眼，以致父女俩关系紧张。1911 年秋，经姑丈刘子瑜介绍，周静娟进入浦东鲁家汇镇南州两等女校为教员，教授国文、历史、体操、缝纫等学科，并在附近三益、启陈两等小学任义务教员。她为人温婉体贴,勇于任事,深受学生爱戴。对时事也甚为关切,有志加入上海“女子北伐队”,因校长徐品花和学生苦留作罢。

鲁家汇南州女校始建于1906年。自周静娟莅进校执教后,校风大振,徐品花深为感激,遂将校长之职让与周静娟。周静娟任校长后,整顿校风,开除了虽为同学但不称职的松江籍女教员顾某。而顾某衔恨在心,遂在松江传播流言,造谣称周静娟与徐品花之间“交往不正常”。周静娟年过30,尚未订婚,为此“有口莫辩,难明心迹,然平日雅重徐君之为人,乃决计与徐君自由结婚”。在致同事宋女士函中,周静娟称此举“为保全二人名誉地步”,以婚姻事实来消除谣言。1913年8月11日,两人在南州女校举行文明结婚礼,请泰日桥周容夫先生为证婚人,袁达夫先生为介绍人。

周静娟致信姑父刘子瑜,述说她与徐品花结婚的缘由,并请姑父替其劝慰父亲接受这段婚姻。然而,周钺认为女儿任性而行,让自己难堪,便强调南州女校校长与教员自行成婚,既有碍学风,又有辱家门。8月19日,周钺携小妾和儿子前往鲁汇镇,闯进南州女校,欲拖周静娟回门。正巧周静娟外出,21日始归,周钺称婚礼不可草草举办,劝女儿一同前往姑父家重新商议婚礼事宜。23日,周静娟随父亲乘船返家,当日抵达华泾镇刘子瑜家稍作停留。周静娟对此行已有不祥预感,24日给丈夫徐品花留下两首绝命诗:“不见月当头,离人愁更愁。西归空泛棹,东望怕登楼。义重三生石,身轻一叶秋。遥怜同命鸟,江上作孤鸥。”“惆怅驹光去似驰,百年眷属几句诗。却缘此日分飞早,转悔当初比翼迟。好事翻成千古恨,冤情惟有两心知。瓦全玉碎休相问,忍死须臾莫笑痴。”

8月25日,周钺要求朱子灏、刘子瑜重为媒妁,再行婚礼,定于在周家举行。又以筹办嫁妆为名,诱骗周静娟先行返回周家。28日(农历七月二十七日),周钺一行别刘归家,当船只驶至长桥港口时,周钺以有辱家风,责问周静娟:“今夜你死还是我死?”周静娟答以“我死不害人的,如父死还有许多少不了的事”等语。至夜半二时,周静娟见势已迫,含泪投江,以“殉情”方式表达对爱情的忠贞和对礼教的抗议。入水后旋即浮起,船夫郁阿美急用竹篙施救,周钺竟然阻止,待到江面“血流水红”才释手归家。

数日后，周静娟的尸体在黄浦江面浮起，由姑父送至周家。周钺勉强以一口薄棺草草收殓，丢弃在方家浜一古墓旁，不许将其纳入家族之墓。

数日之后，《申报》对周氏之死进行了报道：

> 华亭颛桥镇周女士静娟，在本埠务本及竞化、中国体操等校均经毕业，后因不容于庶母，出就南汇南州女校聘为教习，业已任事三载，成绩优美。其父周钺，省议员也，家有子女十二三人，年长者多未婚嫁，女士居次，年已三十余，尚未订婚。近女士因有人介绍，与该校校长徐某自由结婚。其父闻之，即率其妾及子数人至校，谓女士曰："女子年逾二十五岁，婚姻有自由权，本法律所不禁，惟不能草草。"爰涓吉于旧历七月初十日行正式结婚礼。不料前月二十后，其父放舟至校，坚令女士一同回家。后忽在长桥港口发现女士尸身，不知因何致死。闻该夫家将与女父交涉云。

《申报》大做文章

惨剧发生后，徐品花立即向上海县地方检察厅（案发地时属上海县）和华亭初级审判检察厅署（周家居住地时属华亭县）指控周钺。9月4日起，上海《申报》对周静娟之死持续进行跟踪报道，使社会各界对此案的关注度迅速升温。尽管华亭检察厅迟迟未将周钺拘拿归案，但周钺江苏省议员的身份极为注目，尤其是《申报》编辑公开刊发周静娟的遗像，只见她右手抚栏，左手握书，身穿白色曳地长裙，亭亭玉立，神色嫣然。如此青春年华遇此惨变，自然激起读者的同情与愤慨。评论者认为："读周静娟事，可恨可叹！堂堂省议员，尚且如此不文明，何况市乡愚民！叹此巾帼良才，不得终其天年。"两天后，《申报》副刊《自由谈》主编王钝根撰写游戏性质的文章《讨爷军总司令通告文》，假借"讨爷军总司令"之口号召各界为周静娟报仇雪恨，并对守旧的家长提出忠告，以免遭受斩杀之刑。9月15日，此文被天津《大公报》转载，受众范围进一步扩大。9月18日至9月26日，《民权报》刊载近万字的连载文言小说《周静娟》。不久，新民演剧社趁势推出"松江时事"文明戏《周静娟》,还在 10 月 14 日的《申报》上登载演出戏单,演了三场,各界深受感染。

审案曲折

在舆论的推动下,周钺将会受到何种审判成为民众翘首以望的焦点。然而,华亭县和上海县两个检察厅围绕“审判权归属”问题陷入纠纷。

上海厅先派警员前往颛桥镇抓捕周钺。周钺恃势拒捕,逃往松江。9 月 13 日,上海、华亭警员追捕到松江城内,合力将其缉拿。因天色已晚,暂时寄押在华亭厅。《申报》读者担心周家财力雄厚,周钺身为江苏省议员,在华亭县势力盘根错节,因此倾向于案件由上海厅审理。上海厅顺应民意,与华亭厅交涉,希望早日将周钺押解到上海厅开庭审讯。

然而,民国之初刑事诉讼法典不完善,在“犯罪地”的认定上,两地检察机构展开争论,互不相让。双方争执不下,只得请示苏州高等检察厅核办。苏州高等检察厅核定犯罪地点确在上海县,令华亭厅速将周钺押至上海厅。而华亭厅拒绝交出周钺,并率先将证人收押厅内。为平息两县争执,苏州高等检察厅派员重新勘察案发地点。两厅分别依据周静娟姑父的信件和周钺及证人的供词争取作为审理此案的合法性。最终 10 月 24 日下午,此案在华亭厅开庭审理,并当庭宣判,案犯周钺“教唆他人自杀”,处以“有期徒刑四年,剥夺公权十年”。

周钺本人对此判决表示不服,向江苏省高等审判厅提起上诉。高等审判厅审理后,将主刑改判为“有期徒刑两年”,从刑“剥夺公权十年”仍照原判。

周钺被判入狱并剥夺公权,其江苏省议员的资格被撤销。此后他虽然在地方事务中偶有出现,但再也没有在江苏高层政坛露面。

周静娟作为新女性追求婚恋自由却最终被其父逼迫投江而亡,颛桥“周钺溺女案”的结局体现了“自由结婚”在法律上无助的处境。这一事件在文学作品和舞台表演的演绎与广泛传播,促使人们反思婚姻制度变革的必要性,并开始追求真正意义的“自由结婚”。

“邋遢埝头”翻身记

老沪闵路旁的赵家塘(今光辉村十一组),当年曾经是个被乡人厌弃的地方,因为村里常有盗贼出没,到处肇事,所以名声不好,人称“邋遢埝头”。由于沪闵公路的开通,给这个“邋遢埝头”带来了翻身正名的好机会。

来了上海先生

1934 年年初,中华职业教育社在漕河泾所办的农学团委派教师陆叔昂来到上海县农民教育馆,希望提供一个村宅,让农学团学员来实习“农村改进”,推进民众教育。馆长张翼欣然支持,考虑到他们来去方便,就选定沪闵公路旁的赵家塘作为试点村宅,希望顺势改善一下“邋遢埝头”的民风。

于是,“漕河泾农学团”安排陆叔昂带领裴雪芹、沈文华、杨惠茬、陈位达等学员作为先遣队进驻赵家塘,为在这一带创建沪郊“农村改进区”开展筹备工作。

3 月 12 日,陆叔昂向沪闵长途汽车公司租了一辆装煤屑的汽车,将一切用具和众人的行李运到了赵家塘。不少村民闻声赶来看热闹。男女老幼笑着打量上海来的五位先生，议论着“他们下乡来做啥”。

下乡来的杨惠茬是安徽人，陈位达是四川人，村民问的话一时听不懂，有些尴尬。陆叔昂连忙安慰：“好在我能讲本地话，可以做你的翻译，日久自会习惯的。”

在张翼和民治乡乡长赵杏林的帮助下，陆叔昂他们修理、布置了办公用房。不少村民挤在这里，想弄明白“上海先生究竟来做啥的”，看到他们带来的一张张“留有人声音”的唱片、“会将人像收进去”的照相机更是连声惊叹。

陆叔昂热情地与村民攀谈并了解当地风土人情。通过交谈，大多村民都认为“上海先生”是好人，是为大众谋幸福而来的。

急事先办

在与村民交谈中，陆叔昂感觉到此地虽离上海城区不远，但是缺少文化启蒙，信息闭塞，经济落后。村民大多贫困，且信仰神权，以致迷信观念牢不可破。疾病百出，又不知道如何请医服药。陆叔昂深受触动，问村民：“假使我们备一些应用药品，送给有病的人，你们以为好不好？”大家异口同声说：“这是大好事呀！陆先生，药品何日可以买到？”陆叔昂他们急忙商议，一致认为村民最急切需要的帮助，就是应当建立一个简易药库。可是，大家都是门外汉，要请一个医生吗？哪里有这么多钱？好在陆叔昂略懂一些医药常识，便义不容辞地大胆答应下来。他开了一张简单的药品单派人去采购，有治寒热的、咳嗽的、皮肤病的、眼疾的、胃病的、急救的，花费了70余元买来了数十种药品。

3月19日，“赵家塘药库”宣告开张。陆叔昂制定了管理办法，称“本药库以解除村民各种疾病，使其肉体上、精神上免除痛苦，达到体魄健全，努力生产为宗旨”；“本药库专供全区民众疾病上之初步治疗，及危险疾病之急救，或预防，如遇重要痼疾，无法施救者，不在此例。本区人民如患轻微疾病，来会说明病情后，由本会给予药品，概不收费。农友索取药品，须依次登记，按号分发，不得争先恐后，如遇特殊情形，得变通之。农友索药

者,当遵照本会人员之嘱咐,细心服用,否则发生意外事变时本会概不负责”。

村民取药的,最初平均每天10余人,后来竟有60余人之多,有一个乡妇从莘庄赶来,声称“此地有一个好先生,吾要请他看病”。陆叔昂没想到的是,奇奇怪怪的病都来了,连“经水不调”“久不怀孕”也要索药。陆叔昂他们再三说明只是给药,不敢冒充医生。但是村民们认为他们就是医生,不然怎会用药这样灵呢?这使陆叔昂有了三点感想:第一,乡村极需要医药。第二,下乡工作者,应多学习医药常识,以备万一。第三,农民衰弱多疾,急待救济。

这简易药库不但解决了赵家塘村民的实际困难,也使陆叔昂他们在村民心中树立了良好的形象。

深入调查

于是,陆叔昂诚恳地发出一张通告,邀请赵家塘全村家主前来参加谈话会。3月23日下午一时,各户家主如约赴会。农教馆馆长张翼首先讲话,将农学团教师们所做的好事详细做了一番介绍,并号召村民们积极参加“乡村改进”。村民们弄不懂“乡村改进”是什么事,陆叔昂便出场讲话,他用通俗的语言分析了农村存在的“毛病”、农民身上的缺点和补救的方法,宣传他们到此即将开展工作。

随后,陆叔昂组织深入调查,他叮嘱同事们走访农户时必须注意几项要点:一是谈话不要太啰唆,以免使人生厌;二是人不要去得太多,使其骇异;三是不要用查问口气,要用谈话方式;四是态度要可亲,语言要使其乐于接受;五是以教育、职业、生产、卫生为主要事项,旁及其他;六是问的人只管问,记录由他人负责,行为自然,不要使人疑惑。

六天内,全村调查完成。调查进展很顺利,只有问到家庭财产一项时,家境稍丰者生怕传扬而不愿如实说明。统计结果,赵家塘全村时有68户,人口共计288人(男141人,女147人)。成人识字者男子15人,女子仅1人,学龄儿童男的已入学者 7 人,未入学者 24 人,女的已入学者 1 人,未入学者 26 人。家家男种田,女织布,有副业者 19 人,年迈不事者男 6 人,女 8 人,目盲者 2 人,跛者 1 人,吃鸦片成瘾者 3 人,嗜赌如命者 2 人。自有田 582 亩,租种田 143 亩,总计为 829 亩。全村有瓦房 175 间,草房 2 间。全村养牛 18 头,养猪 7 只,养羊 21 只,养鸡 143 只,养鸭 53 只。

通过调查,陆叔昂发现赵家塘存在“三大毛病”:第一,本村不但成人教育未发达,连义务教育也很落后。第二,农民除耕田外,缺少副业,因此农闲时节,不论老少终日到镇上“孵茶馆”,闲荡无事。第三,不重视畜养。而这些问题不是短时间内就能解决的。

于是,陆叔昂决定先办一所学校,实施各种教育。

4 月 4 日,学校开学。白天来学习的有儿童 52 人(含邻村来学的),设两个班级,后来由鸿英师训所蔡造时执教,正式称为“私立鸿英第二小学”。晚上来学习的有成人 48 人,称“夜校”,每个晚上两个小时。教员们上课时先“说新闻”,报告时事 20 分钟,然后识字教学 30 分钟,再指导常识 20 分钟,最后开启乡村中难得一见的“留声机”,让村民娱乐 20 分钟。这样将时事形势宣传教育、生产生活常识教育和文化教育结合在一起,并辅以有益的娱乐活动,取得了良好效果。

移风易俗

后来,赵家塘突发天花病,不仅有儿童染病,连已婚的青年男女也染上了,因天花而死的竟有 10 人之多。调查发现,此地有的村民年已 10 余岁却未种过一次牛痘,于是陆叔昂紧急动员乡民种牛痘。在半个月内,各村儿童种痘者达 200 余人。他又发现到药库取药者越来越多,患病者眼病占十分之四,外症占十分之三,胃病占十分之一,骨节酸痛占十分之二,而发病的原因大多是缺乏卫生常识,还迷信鬼神。就此,陆叔昂决定在赵家塘破除陋习,推行新风尚。

4 月 10 日晚上,村民赵杏涛兴冲冲来找陆叔昂,说:“明天吾家办喜事,

请诸位先生都来吃杯酒。”陆叔昂问:“是不是你的儿子娶亲?”“是的。”“结婚仪式用老法还是新法?”赵杏涛坦言:“此地没人会办新法,所以全用老法的。”陆叔昂接口说:“假使我们帮你忙,用新法结婚,赞成不赞成?”赵杏涛笑着回应:“那是求之不得,再好没有!”于是,陆叔昂他们说干就干,写结婚书,定礼节单,议定婚礼一切细节。第二天,陆叔昂不客气地担任证婚人,四位团友分任司仪、奏琴、纠仪等职。前来观看新法结婚的乡人将赵家挤得水泄不通。陆叔昂借着当证婚人的机会,积极推进移风易俗,博得村民们的好评。

建立改进会

村民们似一盘散沙,平时痛痒不相关,遇到事情大多只顾自家,缺乏互相合作的精神。陆叔昂他们想到,搞乡村改进专靠几个外来的知识分子主持,可以收效于一时,但绝不能维持于久远,必须将本地较开通的村民组织起来,发挥团结精神,自主自立,最终使全体村民参加改进工作,方能完成改进最终之目的。于是,决定建立一个“改进会”,先在老年、壮年、青年中推出5人,组成一个征求会员委员会,召开村民大会进行动员,并强调入会者不必勉强,以表示其热情诚意,入会时须缴纳会费小洋二角。结果,赵家塘全村68户,有40户申请入会。

举行第一次会员会议时,全体会员出席,那些非会员也赶来列席旁听。经过集体讨论,当场决定了两件大事:一是成立农民贷本处,二是举行卫生运动。

村民们自然欢迎用经济力量来救济农村,但是要办成贷款困难重重,款少人多,找保人也难,利息负担不起,而且放款收款有定期,不善活用,暗中吃亏。因此,为了解除种种困难,村里成立农民贷本处,借款数采用少而散的方法,保人不以资产而以信用,息金视借款数多少而定,放款收款期不一律规定,从而使村民得到实益,众口齐叫好。

防疫大战

转眼到了炎夏季节,可怕的疫病又将降临。“改进会”根据会员会议决议,组织村民紧抓夏季卫生。

陆叔昂认为防疫急于救疫,防疫周到即可保一方安宁。可是村民向来没有防疫观念,随意吃冷水生瓜,不防治苍蝇蚊子,一遇疫病则忙于驱野鬼、求神仙,最后没有办法才去求医问诊。

陆叔昂他们宣传防疫,不用标语,不用文字,而是一户户地做家庭访问,口头指导,自然灌输。忙了半个月后,赵家塘家家户户行动起来,正式实施防疫大战。

蚊蝇是防疫头号天敌,“改进会”发动全村整治场前屋内卫生,露天坑一律遮盖,每户发一个苍蝇拍,人人勤于拍蝇。同时,劝导村民注射霍乱疫苗,而村民大多感到惊讶疑惑,生怕打针后不能干活。经过再三劝说,有半数以上的村民打了针,而妇女极少。

药库备足了痧药水等消暑卫生品,发现疫病立即救治。

经过陆叔昂他们几个月的不懈努力,终于取得明显成效,赵家塘的村容野貌发生巨大变化,人们不再称其为“邋遢埝头”。

“漕河泾农学团”主持人、教育家黄齐生(王若飞的舅父)前来赵家塘参观后,大加赞赏,认定应当将赵家塘列为沪郊农村教育改进区的示范点。

后来,中华职业教育社决定以赵家塘为中心建立“农村改进区”,在沿沪闵公路约 3.75 平方千米内分设三个办事处:第一办事处设在赵家塘,第二办事处设在金赵家塘,第三办事处设在吴家巷。第一办事处以推行地方自治为中心,第二办事处以学校为中心,第三办事处以经济为中心。此举以举办民众教育和小学教育为主旨,逐步推动农村改进,使学校与社会打成一片,预期三年内见成效。

于是,“漕河泾农学团”派出 52 名学员来到颛桥地区,试办“农村民众教育实验场”。上海县农民教育馆顺势将赵家塘这样的试点扩大到十处。轰

轰烈烈的“农村改进”及民众教育就此在颛桥地区遍地开花。

可惜，抗日战争的烽火正在步步逼近。

1934 年外省来宾参观赵家塘改进区

名医在颛桥的故事

秦伯未颛桥义诊

中医泰斗秦伯未（1901—1970，名之济，字伯未，号又辛、谦斋，以字行），出生于陈行镇。他与颛桥、北桥乡人极有缘分，因此留下了不少诗文。

1927年8月，上海市、县分治，上海县教育局重建，经好友施舍鼓动，秦伯未放弃创业，前去应聘，担任上海县教育局总务科文牍。

其间，秦伯未游览了北桥地区的名胜古迹，不由诗兴大发，撰有《北桥竹枝词三首》：

三月俞塘春水生，春风吹起浪花轻。
乡居不识鸳鸯鸟，日日滩头打鸭行。

银杏枝头双鹁鸪，晴来相逐雨相呼。
年年啼到枝头秃，中有妾心心未枯。

瓶山春尽鹤坡秋，不及钟楼对我楼。
东海潮声喧日夜，钟声长在海西头。

秦伯未

因公务往来，秦伯未非常了解上海县农民教育馆创建之初的情况，十分佩服上海县农教馆馆长张翼有志以平民教育促进乡村建设的成效，两人遂结为知己。

1930 年 1 月，秦伯未离开上海县教育局，返回上海城区自建中医诊所，十分繁忙，但始终与张翼保持密切联系。1932 年冬，颛桥人自费编印一册《民族之光》，记述“一·二八事变”十九路军抗战事迹，秦伯未寄来了他的诗：“五百田横士，八千项羽兵。海涛吞落日，剑影压孤城。华夏留名字，山河属主盟。一篇青史在，付予敌人惊。”

当时，乡村中有不少因生活艰难而久病失治者，张翼一边宣传健康理念，一边诚邀秦伯未前来送医救治。

于是，秦伯未每逢周六下午赶到颛桥农民教育馆前来义务诊治，忙到傍晚才返回城区。每次来诊有数十人，大多为拖延失治的顽固宿疾。他前后坚持了四年之久，令颛桥乡民极为感激，当他返城时常有人送来香烟和下酒菜，最后一年他有了自备车，人们便将时鲜蔬菜瓜果塞满他的车子。乡民们的盛情，使秦伯未深受感动。

抗战胜利后，秦伯未担任上海县临时参议员，到闵行老镇赴会议政，与老友张翼叙旧。他得知张翼在主编《明心报》，便写了一篇《农教馆之回忆》，深情地回忆了当年到颛桥义诊的经历以及与张翼的友情。张翼将这文章刊发在 1948 年 11 月 1 日《明心报》上。

苏德隆下乡记

1935 年 6 月，苏德隆（1906—1985，字光熙，南京市人）以总成绩第一名的成绩从国立上海医学院毕业，获得医学博士学位，留校任助教，后又兼了中山医院住院医师。

苏德隆下乡

上海县农民教育馆馆长张翼闻讯,立即邀请苏德隆来颛桥应诊。于是,苏德隆受颜福庆院长的指派,在颛桥乡开办了“农村卫生所”(一间房子、一位助产士、一位练习生),作为国立上海医学院卫生教学基地。本地流行血吸虫病,因此丧失了大量劳动力,人们吃足苦头,却束手无措。苏德隆对血吸虫病十分关注,一边挽救病人,一边推广防治措施,同时还在颛桥地区开展流行病学调查,仅仅四个月就在《中华医学》杂志发表了《沪郊农村卫生工作初步报告》,指出“近代医学之趋势注重公共卫生,近代公共卫生之趋势在于普及乡村卫生。我国农民贫病交加,其公共卫生之需要,更远甚于他邦”。

苏德隆自备摩托车一部,每周轮流到马桥俞塘民众教育馆、赵家塘乡村实验学校义务服务,演讲急救和疾病处理常识,开展生活教育运动,并为村民治病。在金家塘“母教比赛会”上为儿童做体格检查。他的服务是无报酬的,午餐也是自带的,只接受村民们一杯白开水。

创办农村卫生所

这段在乡村从事农村卫生工作的经历，对苏德隆日后的人生轨迹产生了重要影响，促使他成为著名公共卫生学家、医学教育家和医学思想家，我国流行病学奠基人之一。

1932年颍桥镇施医局合影

壮丁集训迎抗战

1936年初,《壮丁训练实施纲要》发布并实施,要求各省统一训练各县军训教官,各地民众教育馆奉命集中力量开展大规模的"义勇壮丁受训"。

同年9月间,顾振(1913—1942,原名增福,别号真火,陈行人)在镇江登云山参加江苏省民众训练班,接受正规的军事训练,归乡后即奉命赴北桥镇担任上海县第三区中心民校军事教员,负责训练本地民众抗敌自卫的能力。

顾振非常乐意当一位军事教官,天天身穿军装,身佩大刀,神态威武,引人注目。他与陆益畬(1902—1960,又名陆杰,字祖鹤,北桥人,原为小学教师)、王宝道(马桥人,时任俞塘乡第五保保长)等,按照镇江受训的内容和要求,严格训练壮丁。他们的训练成效,被列为全县之首。

在北桥,顾振奉命举办了一期又一期的军事训练班(任中队长),受训者大多为本县各地青年骨干,受训回去担当小教官,再训练普通壮丁。顾振出色的工作,赢得受训学员的广泛好评。有一期训练班学习结束时,受训的余敏贤、庄访溪、何星楼、计洪章、金桂千、胡荣生、周金书、唐义泉、王宝钧、杨柳依、高企良、庄妙生、梁冰声、陈学渊、丁福全、褚同禧、顾寿松、支殿安、蔡纪阳等19名学员刻制了一块"增我学术"的银盾纪念牌赠送,右侧刻有"增福中队长惠存",左侧刻有学员名字。(银盾纪念牌保存至今)

1937 年 2 月 14 日，顾振用心撰写了一首《北桥壮丁义勇队队歌》，还谱了曲，并以笔名“真夫”寄给江苏省立俞塘民众教育馆《社教通讯》编辑部，希望刊登推广。3 月 15 日出版的《社教通讯》月刊即发表了他的《壮丁义勇队队歌的试作》一文及歌谱，其文如下：

壮丁训练之科目表上，定有音乐一科，其所教乐歌，大都为雄壮激昂之军歌，目的无非在激励壮丁之志气，引发其敌忾心，陶冶其庄严奋发之情性。但所授歌曲中，对于道及壮丁本身之歌曲，尚未多见，类如各学校皆有校歌，而壮丁队尚无队歌。作者爰本此意，采民间固有之通俗而音调奋发之曲谱，和以三阕，名为壮丁队队歌，各民校可自由加入所训练乡镇之名称，教壮丁歌唱。可为军歌，亦可为队歌或校歌。幸各校加以试用，并求指正。

《北桥壮丁义勇队队歌》歌词如下：

伟哉伟哉，北桥壮丁，参加训练，个个起劲。遵守纪律，服从命令，团结一致，民族复兴。奋发有为，前途光明，伟哉伟哉，北桥壮丁！

勇哉勇哉，北桥壮丁，义勇双全，不惜牺牲。消除汉奸，打倒敌人，保家卫国，目标认清。束缚解除，民族平等，勇哉勇哉，北桥壮丁！

勉哉勉哉，北桥壮丁，努力前进，一刻不停。移风易俗，各负责任，礼义廉耻，身体力行。以身作则，推己及人，勉哉勉哉，北桥壮丁！

5 月 30 日，堂弟王秋福（1919—2010，曾化名顾秋琇，其父亲顾金生因故改姓王）前来探望。顾振与他一起身穿军装在北桥钟楼前合影留念。

1937 年初夏，顾振奉命将赴松江城内工作，特地买了一架照相机，回家与患病初愈的母亲、年仅四周岁的弟弟顾造福，在自家小花圃的篱笆前合影留念。

不久，“八一三”淞沪抗战爆发。8 月 21 日，三架侵华日军飞机突然入侵北桥镇上空，一阵轰炸，十多间房屋被毁。9 月 10 日上午，五架日机又疯狂地飞到北桥地区示威，北桥小学被炸毁。

江苏省立俞塘民众教育馆组织当地上千名青年进行“义勇壮丁队训练”，立志迎战日寇。顾振率北桥中心民校学员赴俞塘参加会操。不久，颇具影响力的商务印书馆大型综合性杂志《东方杂志》(第 34 卷 13 期)刊登了俞塘进行壮丁训练的四幅照片。

战火逼近，北桥中心民校停办，众多学员投身抗日武装队伍。

北桥瓶山遭遇战

1937 年 11 月 4 日，侵华日军第 10 军团在司令长官柳川平助的指挥下，以三个半师团的兵力靠舰炮的掩护，在金山卫一带登陆。中国军队因武器装置悬殊，无法抵挡。

由于通讯失联，当时在闵行渡口修筑工事的中国军队对日军金山卫登陆之事竟毫不知晓，多次向上级请战，回答总是“严守待命”。

11 月 8 日，沿上松路东进的日军先头部队到达马桥地区。9 日，由浦南东进的日军跨江占领闵行老镇。这两路日军准备直扑上海县县治所在地北桥镇。

11 月 11 日拂晓，日舰发动炮轰，日机又来乱炸。北桥镇危在旦夕，未及撤退的军民陷入困境。

11 月 11 日夜里，细雨霏霏。国军 67 军 108 师（淞沪抗战中最后

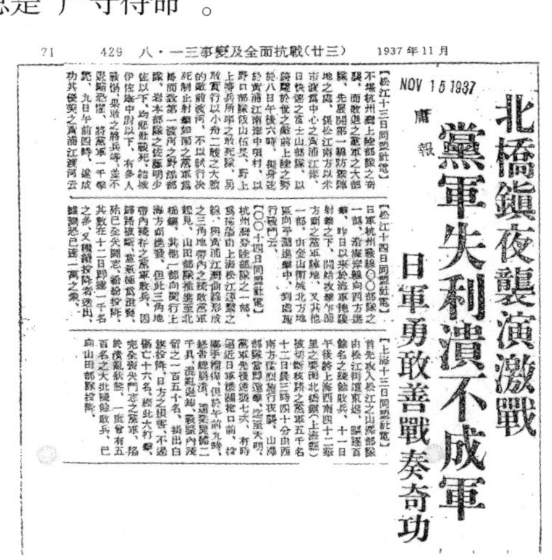

71　429　八・一三事變及全面抗戰(廿三)　1937年11月

NOV 15 1937

庸報

北橋鎮夜襲演激戰

黨軍失利潰不成軍

日軍勇敢善戰奏奇功

日本同盟通信社报道

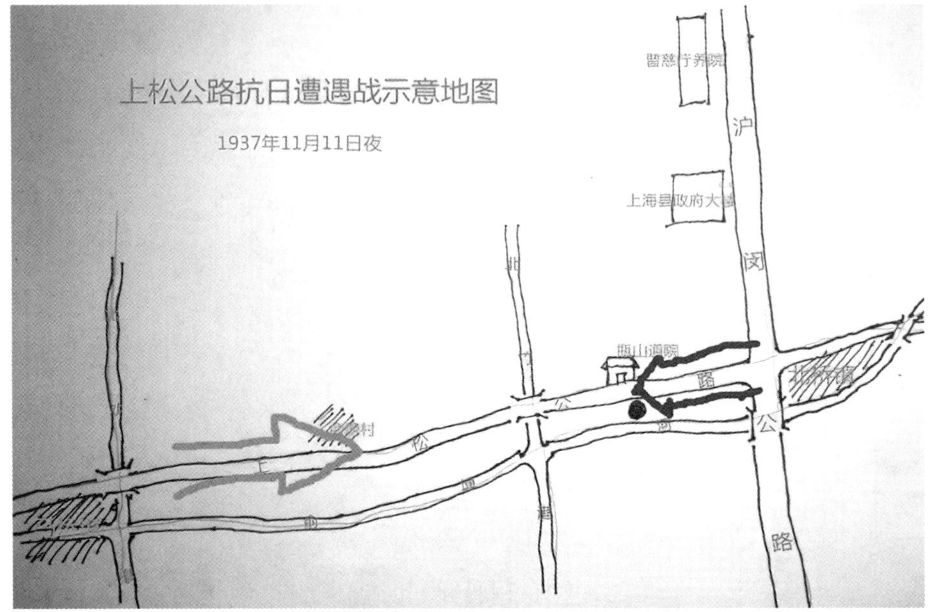

上松公路抗日遭遇示意地图(1937 年 11 月 11 日夜)

赶到上海的原东北军主力)一部官兵在上松公路北桥瓶山道院(时为俞塘民众教育馆瓶山分馆)附近,突然遭遇日军先头部队。

天色昏暗,短兵相接,双方难辨敌我,顿时发生一场混战。

据日本同盟通信社 11 月 13 日电讯称:11 月 11 日夜,日军侦察发现,上松路北桥段时有国民党守军 5 000 人,他们生怕设有陷阱,暂停东进,就地等待天明。“12 日晨三时四十分,(国军)由西南方猛烈施行夜袭。(日军)山泽部队当即激击。迄至天明,(国民)党军先后逆袭七次,有时逼近日军机关枪前,投掷手榴弹。但至上午九时,终告总崩溃,遗弃尸体二千具,混乱退却。战壕内残留一百五十名,挂出白旗投降。日方之损失,仅伤亡十六名。经此大打击,完全丧失斗志之党军,陷于溃乱状态,一度曾有五百名之大批残余败兵,向山田部队投降。”

另据日军战地报道称,在北桥之战中,被日军“武装解除”者有 700 人。11 月 15 日《读卖新闻》刊登了相关照片。

这一场激战,国军的真实伤亡人数不得而知。据当地民众目击者称,当时国军勇士横尸遍野,有一位长官自尽在沙脊(今马桥镇联盟村沙港附近)。

1937 年 11 月 15 日《读卖新闻》报道

天亮后，日军飞机沿沪闵公路肆意轰炸，国军部队全部被打散，其中有 57 名伤病员逃入北桥普慈疗养院。

上海县就此沦陷。

紧急救助

国军团附许仲钧等 57 名伤病员匆匆逃进北桥普慈疗养院。疗养院总务科长凌其瑞，躲过日军耳目，当即决定收容，热情给予食物、衣物，安排救治伤者。

凌其瑞，祖籍安徽歙县，1894 年生于上海，是上海天主教知名人士。原居住在上海南市芳嘉园斗姆宫附近，1924 年至 1928 年，担任蓬莱路小学校长。1935 年 6 月，上海普慈疗养院在北桥开业后，出任总务科长，并在北桥镇北买下私宅，改建成花园别墅，人称“凌家花园”。她身材高挑，穿着极为朴素，唯一头秀发梳理得考究，显得雍容端庄，为人厚道，本地人都叫她为“凌先生”。其兄弟凌其翰当时正在中国驻比利时公使馆担任二等秘书，暂代馆务。

因疗养院系天主教会所办，日军未能闯入搜寻。（1948 年 5 月 16 日《明心报》采访凌其瑞报道：国军团附许仲钧率 57 人投入普慈疗养院。凌其瑞毅然收容，衣之食之，并加以教化。出院后重上前线，再度挂彩，现在江西，境况仍窘。凌其瑞又分金济之。）

同时，日军大部沿沪闵公路大肆东进，部分官兵占领上海县政府大楼后，在北桥地区烧杀抢掠。

义葬勇士

此刻，凌其瑞看到附近战场上勇士们的壮烈惨状，立即说动院长，紧急组织起战地后勤队。随后，她带领一支白衣人组成的队伍，举着红十字的旗帜，穿过日军驻扎地，将国军勇士的遗体一具一具地搬到瓶山道院。一数竟有 100 多具。她含悲饮泣，决意要义葬这批无名勇士。

但是驻扎日军不允许。凌其瑞也不罢休，请普慈疗养院外籍传教士出面与日军交涉，终于获准在上松路南侧、俞塘北岸北庙泾的河边坟地上竖一块“支那勇士之墓”墓碑（位于今北松公路 167 号附近）。这块碑实在太小了，而且只能称之“支那”。但是，在如此天昏地暗的沦陷之地，它闪耀着抗战勇士们不屈的精神。

1937 年 11 月 24 日《申报》记载，各处逃沪难民阻集在北桥一带，数约四五千人，进退维谷。幸经普慈疗养院外籍人士主持设立难民收容所。难民亟需衣被，深盼各界捐助。

日军杀人塘遗址

1937 年 11 月 12 日，侵华日军强占北桥镇，日军帆山部队 1 000 多人进驻北桥镇，盘踞在县政府大楼内。

县政府大楼后面，原先是上海县储粮“积谷仓”，拆迁后成了一片荒地，此刻成为日军集中杀人、埋尸的基地，被害人数之多，仅历史文献中记载的就已触目惊心。

新编《上海县志》记载：在县政府大楼后院北侧小河边，日军先后杀害了30余名抗日志士和众多乡民（知名知姓者达50余人）。

2012年7月出版的《抗战时期上海市闵行区人口伤亡和财产损失》一书记载：当地老人向颛桥镇相关课题调查组陈述，伪维持会会长张本仁曾对徐顺余兄弟俩证实，当时这里关押着被俘的中国兵和青壮年。那天中午被关押者出屋吃饭时，日兵用机枪扫射，无一人幸免。后尸体全部埋在一个长4米，深1.5米的壕坑内。后人称这个壕坑为“杀人塘”。至1938年春，在这里被枪杀的中国军人和壮丁不少于78人。

据1938年7月15日《文汇报》报道称：“最近涉有华军嫌疑而遭杀杀戮者……北桥镇计有四十二人，尸埋县政府后面壕沟内。”

同年11月29日《文汇报》又报道：11月17日早晨，上海县日军宣抚班指导官森山又次率队到颛桥镇搜查，指认19个年轻体壮者为游击队，拘捕到北桥南街南庙前，威逼口供。其中有尹家顾阿大、陈家木桥吴友堂、北街小茶馆老板吴阿二。吴阿二痛苦难忍，妄指镇西赵家堆为游击队屯驻之地。日兵即押他前往辨认，却一无所获，遂将全村房屋付之一炬。当月25日下午4时许，森山又次酒兴方酣，命伪警将顾阿大、吴友堂、吴阿二等绑至筵前，先以枪刺，各戮两刀，再开枪击毙。森山又次拍手欢呼，令伪警察将各尸体拖至县东积谷仓基地内，掘潭掩埋了事。

“双十节”遇险

1938年10月10日上午，伪上海县治安会在县政府大礼堂举行“双十节”庆典，日军宣抚班官兵到场，普慈疗养院里的中、法办事人员应邀出席，其中有疗养院总务科长凌其瑞。

庆典由日军宣抚班指导官森山又次致训后，安排来宾演说。森山又次指定凌其瑞发言，而凌女士婉言谢绝。伪上海县警察所所长殷瑞昌、警佐善钟鹤突然跳出来拨弄是非，指责凌女士拒不演讲是藐视“皇军”，违抗命令。说得森山又次恼怒拔枪。当时幸有四位法国神父将凌女士前后掩蔽，拥至门外。森山又次气愤难消，朝天连开三枪。而凌女士与诸神父已乘车逃离险境。

张翼提交《嘉奖案》

1946 年 4 月，上海县参议会在闵行镇正式成立。49 岁的张翼（字凤三）当选县参议员。张翼对时任上海县妇女会理事长的凌其瑞女士深怀敬意，郑重向议事会提交《嘉奖案》，全文如下：

凌女士其瑞，饱学爱群，诚心服务，嘉言懿行，为邑人称道。八一三淞沪一役，凌女士奔走沪郊，以普慈疗养院为据点为众服务，贤劳卓越。迨上海被占，女士商承西教士疗治受伤病员及地方民众，问暖嘘寒，极尽其博爱能事。曾收埋忠骨于北桥，为后世留纪念，且收养妇孺，保护公职人员，同胞之得庆生免于侮辱者无数。女士德行不愧为万家生佛。战后农村破产失业纵横，女士翊赞实业界，荣君举办信大纱厂于黄浦右岸，借维生者又不知几何人。本议员闻忠必敬，疾恶如仇，关于凌其瑞女士抗战时期之行为，认为有呈请奖励之必要，特制议案提出核议。

重建“无名英雄之墓”

扶弱濟貧出于天性

縣參議

北橋鎮

《明心报》报道

1946 年 7 月，就上松路北桥“支那勇士之墓”改建事宜，以“宣慰特使”身份重返故乡的钮永建做出批示：“此实为抗战中惨烈光荣史迹之一，予以表彰，立碑纪念，并定期公祭，改为无名英雄之墓”。

1948 年 5 月 16 日《明心报》报道，记者采访了刚从北京返沪的凌其瑞，谈及 1937 年 11 月救助许仲钧等国军伤员之事，她说：“今天我收到许仲钧君一函，言多感谢。许君为国军

团附，曾率五十七人投来我院，我毅然收容，衣之食之，并加以教化。出院后重上前线，再度挂彩，现在江西，境况仍窘。我将分金济之。”

1949 年 4 月 3 日（周日，清明节前夕），钮永建与凌其瑞、江苏省立俞塘民众教育馆馆长张翼、上海县政府陈主任等率民众教育馆师生，在上松路边修葺一新的“无名英雄之墓”前植树献花，举行了祭典，缅怀牺牲于此的抗战勇士。

▲上海縣新聞記者公會主編▼

憑吊無名英雄墓

黃花

1949 年 4 月 16 日《明心报》书影

1956 年，凌其瑞在北京任女青年会董事会董事。

2010 年，抗日阵亡将士墓地被确认为闵行区文物保护点。2015 年 5 月，闵行区人民政府在原址立“抗战英烈纪念碑”。2023 年拟对北桥抗日阵亡将士墓进行保护性修缮及周边环境提升。

1938年前后纪事

1937年8月21日上午7时,3架日军飞机突然入侵北桥镇上空实施轰炸,炸毁震兴公司9间房屋、宅河里吴某5间房屋。

8月24日夜间,日军飞机再次闯入北桥、马桥、老闵行地区上空,时而盘旋投弹,时而俯冲扫射,竟施暴了一个昼夜。

9月10日上午,5架日机疯狂地飞到北桥地区示威。北桥小学被炸毁。

10月16日,日军飞机在颛桥镇投弹3枚,炸死12人。11月6日,颛桥又遭轰炸,蒋义生的7间瓦房被炸毁。

1. 日军四处杀人

中国军队撤退时,北桥镇上商民逃避一空,未及逃走之平民妇女惨遭日军奸杀,货物器具悉遭洗劫,门窗户栏被拆作燃料,墙壁凿通豢养马匹,尿屎满屋,臭气四溢。街上行人绝迹,为沪郊各乡镇中损失最大者。

1937年11月12日,日军侵入北桥谢家堂、戚家堂,枪杀谢福生、金谢氏、何阿囡3人。日军在光明村枪杀吴永泉、朱木生,打死储木生,轮奸有九个月身孕的施阿金至死,强奸周翠珍、张芳贤、张金书妹、张永根母、陆金发妻、朱引书、乔亚玲、阿明表姐等9名妇女,抢走朱达章、朱书林、徐兴荣、凌伯生、施俊林等家中耕牛5头、猪2头。

11月25日,日军侵入颛桥镇陆家塘陆伯余家,强奸正在纺纱的14岁少女汤氏,并将其杀害。

11月某日,几个日兵在颛桥镇上茶馆店里喝茶,临走时遗忘了一个铁箱子。据说这箱子里装有一份军用地图,当日兵返回茶馆时却发现那份军用地图不见了,顿时暴跳如雷。经几番查问,认定是被新生村(今莘庄工业区)的俞培明拿走了。日兵让人带路,急忙往俞培明家赶去。在村口碰到孙顺余的父亲,日兵向他询问地图之事,老人不清楚事由,答非所问。日兵气急败坏,挥起军刀就将他刺死了。俞培明在远处发现日本兵冲进村来,便转身逃走。日兵冲到俞家,一进门就用军刀刺死了俞培明的母亲,并带走了其父俞松林。日兵将俞松林押到颛桥南庙,百般拷问,毫无结果,就将其枪杀。日军因一份军用地图,就残忍地杀害了3个无辜的村民。

12月8日,日军"扫荡"乔家塘(今颛桥镇中沟村),枪杀乔纪堂、乔贤林、阿老大。在颛桥北街枪杀赵正余。顾家塘顾沈氏、王阿琴,大张家宅赵琴英被强奸。

12月9日,日军飞机又空袭颛桥地区,炸毁吴朴人开的轧花厂房4间,轧花机4台,棉花(籽)500斤。

12月11日,日军"扫荡"俞箕乡,在金家塘刀杀金杏生、金火生、金阿大、俞仙英的祖母,枪杀金杏芳;在北桥桃园枪杀林向荣的伯父;在新宅枪杀陆秀和、陆秀生;在卫家塘枪杀卫建才、卫顺兴;在林家塘枪杀林友生;在县政府附近枪杀陆土根、诸福桃,火烧陆家宅陈摊挺瓦屋5间,抢走金浩锦耕牛1头。

12月12日,日军"扫荡"颛桥镇王家塘、赵家塘、大湾宅等地,烧毁王才民、王惠兴祖母、赵杏生、杨鑫树、王铁世、王才余、赵宝娣娘家、朱林书等8户瓦屋30间、草屋3间,抢走耕牛1头。在赵家塘刀杀赵阿狗、赵补根、赵香林祖父、吴明华曾祖母,强奸方品花、赵阿狗妻子。在颛桥村枪杀方瑞金。在集体村木沟桥刺死沈金发。

《上海县志》记载:在今北桥购粮库5号址,日军杀害抗日战士30多人。

当地徐顺余等老人曾亲眼看见,北桥小学一职工遭日军枪杀,3名妇女在种油菜被枪杀，3 名和尚遭枪杀，2 名男青年被日军绑在树上，用刀砍死，并将人头砍下。在沪闵路一棵银杏树边看到 14 具尸体，有的头被狗咬得面目不清，在水泥场上被日军杀害的 78 名中国士兵死尸，其状惨不忍睹。

（据颛桥镇课题组调查所得）

2. 维持会实难维持

不久，日军宣抚班盘踞县政府大楼。宣抚班，是侵华日军在中国向沦陷区人民进行反动宣传和奴化教育的机构，实施“教化安抚”和“剿抚兼施”政策，扶持汉奸组织，破坏抗日活动。

驻扎北桥镇的日军宣抚班指导员一个叫海野兼作，另一个叫森山又次，本地人只知其叫“森山九次”，给他取了个绰号叫“杀人祖师爷”。

宣抚班所到之处，首先组织伪“治安维持会”，委任伪会长，施行当地行政事宜，专司税项及查验良民证等工作。

1938 年 2 月，伪“上海县治安维持会”在北桥镇成立，会长何尽美。6 月，改称伪“自治维持会”。驻扎北桥镇的日军有 50 余人，特别戒严在县政府（日军司令部）、县党部（收容四乡维持会长）、新华银行（伪警察局）、融圃（县维持会）前，划作警戒区，密布铁丝网，架设机关枪，并放步哨，禁止百姓出入，形势颇为严峻。

伪“上海县维持会”会长何尽美被游击队架走失踪后，由其秘书朱仲贤代理。副会长周裕连在“融圃”另设“镇区维持会”，由大树乡周糢糊任会长。周的住宅被游击队烧毁后，举家逃到吴家巷，“镇区维持会”即时解散。

眼看“八·一三事变”即将一周年，日军深恐游击队起事，故将散驻于颛桥、马桥、塘湾、曹行、华泾、长桥等镇的日兵，调到北桥镇集中驻防，并将浦南南桥镇日军约 150 人全撤到浦西，分布于米市渡至闵行镇沿黄浦一带。取电杆木为柱，装上有刺铁丝网，增强防御力量，保护上海后方。日兵撤退至某一镇时，必将该镇区维持会会长及眷属护送到北桥镇上海县党部暂住，如马桥镇刘锦棠、李政林，曹行镇钱庆义、曹颖才，南桥镇杨某等眷属均已收容在内，脚不出部门，每日以一榻横陈，吞云吐雾为事。鸦片烟味笼罩在县党

部四周。

（本节内容根据1938年6月至8月《文汇报》报道整理）

3. 无赖充当间谍

眼看沪郊抗日游击队神出鬼没，日益活跃，日军指导官森山又次深感恐惧。于是，他秘密雇用一些乡镇地痞充当间谍，以期发现游击队人员的行踪，以便随时扑灭危险。

一些地痞无赖随之受到了森山又次的重用。这些间谍的领班黄耀辉是北桥镇人，时年39岁，受过一定的教育，染有烟瘾，其妹夫在广东担任飞机技工，几次汇来盘川，促其前去求职谋生，而他怕吃苦不肯前往。家中尚有老母，管理田房屋产甚严，不许他沾染一指，黄耀辉野心难驯，不务正业，竟将妻子、儿子"帮卖"出去，自己弄得衣衫破旧不齐，形如乞丐。此次受到森山又次赏识，委以日军司令部听差职务，继则升任间谍领班，按月领取薪水40元。他有助手40人，分布于各乡各镇。助手薪水则以工作多寡定标准。麻子乔阿三是其助手之一，平日以脚夫、船伙为业，染上烟瘾后，成为北桥镇上出了名的无赖，见充当间谍助手有利可图，便跟随黄耀辉走了。

1938年7月14日，森山又次特派黄耀辉与乔阿三，前往塘湾镇刺探游击队情报。结果，他俩的活动被浦东游击队某队长察出破绽，当即拘押审讯。黄耀辉骨头软，供认自己是日军间谍领班，并取笔墨书列助手们的姓名、住址。麻子乔阿三也供认不讳。当天，两人被游击队枪决。

森山又次又指定在"维持会"的黄昆勋担任间谍领班。黄昆勋也是北桥镇人，30岁，染有烟瘾，前年父亲黄永良死后，即将田地、房屋、家具、妻女出卖一空，商求北桥东市金山庙庙董同意，许与老母以看守庙门留居。北桥沦陷后，庙中神佛被毁，香火绝迹，他只得混迹于乡村小茶馆内，以敲钹说书"唱太保"为业。"维持会"建立后，即充当送信差使。8月1日，森山又次派其前往塘湾镇，以帮人施打吗啡为名，刺探游击队军情。结果又被游击队察觉，拘解至部，讯明枪决。

（本节内容根据1938年7月16日、8月5日《文汇报》报道整理）

4. 伪维持会长焦头烂额

1938 年 7 月间,上海县伪"治安维持会"会长朱仲贤被日军逼得焦头烂额。

近来,日军命令伪"治安维持会"在 8 月 1 日之前编制出一份《壮丁名册》,凡是 16 岁至 40 岁的本地人绝对不许向外逃亡,听候组织"上海县市警团",将全部壮丁列入其间,集中受训以便编练成军,供日方征用,并限定上海全县必须凑足 10 万名壮丁。而当时上海县男女老少合计只有 4.2 万人左右,与"十万壮丁"相差甚远。

为此,朱仲贤天天坐立不安,满面愁容。他只得一再向日军部陈述困难,恳求减少壮丁额定人数。经过几番周折,日军同意适当减少,坚持以"七万壮丁"为最低限度。7 月 16 日,朱仲贤召集浦西各镇区治安会会长到北桥开会,分摊壮丁人数,商议凑足人数的办法。

于是,各镇区迫不得已,会同军警,到处设卡,强拉过境客商、舟车旅客,权充本地壮丁。然而,全县凑足"七万壮丁"的任务仍无法完成,朱仲贤十分焦急。

(本节内容根据 1938 年 7 月 20 日《文汇报》报道整理)

5. 林孔嘉英勇就义

林孔嘉,1937 年担任国民党区分部委员、俞箕乡(今灯塔村境内)乡长。

自上海沦陷后,林孔嘉息影家园,自耕自食。日军几次命令其组织北桥镇区治安会,担任会长,林孔嘉均设法推诿,避不见面。

8 月 27 日,因家中需要鱼肉菜蔬,林孔嘉一手提篮,一手携刻有自己名字的雨伞,身佩"林顺"良民证一枚,到北桥镇上来买菜。他在东市梢小茶馆内休息时,突然有伪侦缉队前来盘查,发现其良民证与雨伞上的名字不相符,就认定其为游击队人员,立即拘送日军司令部,严刑拷打逼供。午间,司令部派 24 个日兵与伪警,杀气腾腾地直奔俞箕乡林宅,一路滥放枪弹,流弹击伤不少路人。经搜查,一无所获,便顺手捉鸡捕鸭,杀猪宰羊,烹饪佐酒,

还殴打林家族人林元生、林阿金，用麻绳将林孔嘉侄子林学张捆缚，取树条毒打，并当场击毙。日兵在林宅驻扎守候了两天两夜，撤走时将屋内所储米、麦、豆类及箱笼器物搜劫一空。

9月初，日军司令部迁至闵行镇。林孔嘉随之被改押在横泾河东的警察局中。伪镇长徐金发被浦东洪部游击队捕获正法之后，日军遂威逼利诱林孔嘉组织北桥镇治安会。但林孔嘉始终抱定“不屈服，不怕死”的宗旨，卒不听命。日军无可奈何，于15日午间将林孔嘉从狱中曳出，游行闵行全镇后，执行枪决。游行时，林孔嘉犹高呼“中华民族万岁”等口号，闻者深为惋惜。

（本节内容根据1938年8至9月《文汇报》报道整理）

6. 徐金发可耻下场

北桥镇沦陷之后，在日军宣抚班指导官森山又次的指挥下，有大树乡的周模糊出面组建伪“北桥镇区维持会”，担任伪会长职务。1938年春，周模糊的住宅被游击队烧毁，“维持会”随之解散。嗣后，一时没有人胆敢出头组建“维持会”。

森山又次深感地方乏人主持服役，军事上诸多不便，欲求组织“维持会”而不得其人，便改变方针，饬令寿华乡的徐金发权充北桥伪镇长。徐金发甘心为日军服犬马之役，还趁机兜揽日兵所抢衣服、饰物、器具等赃物，自己从中渔利。

9月1日，驻扎北桥的日军部队迁往闵行老镇，徐金发生怕有不测，也随军同去。5日晚上，徐金发因家中有事返回北桥镇，被浦东洪部游击队抓获，将其拘捕东行。

第二天清晨，人们发现徐金发的无头尸身被弃于东黄浦滩畔。

（本节内容根据1938年9月8日《文汇报》报道整理）

7. 戴放鹤进退两难

抗战爆发前担任东乔乡乡长的戴放鹤，身兼国民党上海县北桥镇区分部宣传委员,时年40岁,以行医为生。自从日军侵占北桥以来,戴放鹤举家东奔西避,日常生计告绝。他也想加入抗日游击队,却因矮小瘦弱,手无缚鸡之力,未能如愿。

森山又次屡次派人前来游说,敦促戴放鹤出任北桥镇“治安维持会”会长。而他坚持不从,一时无果。

后来,北桥伪镇长徐金发被游击队正法,俞箕乡乡长林孔嘉被日伪军杀害,戴放鹤处于进退两难之地。他不为威武所屈,又不敢正面对抗,决意殉难守节。

9月15日晚,戴放鹤背着家人悄悄服毒自尽。次日,乡邻帮忙草草成殓。戴家遗有父母妻女四人,生活极为清贫。

(本节内容根据1938年9月20日《文汇报》报道整理)

8. 游击队除奸

本地抗日游击队四处出击,日军防不胜防,惊恐万分。自1938年9月1日起,分驻各镇的日军集中移驻闵行老镇,困守一隅。日军宣抚班撤离北桥镇,民众随之松了一口气。

不久,沿沪闵、上松、塘北公路两旁,各乡各镇均有游击队掮枪带刀,挺身而过。抗敌标语贴满墙壁。游击队的活动区域,以塘湾镇为主。

为此,闵行日军警备大队秘密雇用本地男女流氓,充当各地间谍,随时密报游击队行踪,以便日军制定攻守战略。

游击队决定斩除这些奸细。

北桥镇上有个女奸细,是柴金生的儿媳、柴根良的老婆,上海济良所出身,略通文墨。9月20日下午4时许,她由闵行镇徒步返回北桥,路经殷家油车时,正巧遇见宣抚班指导官森山又次的汽车由北驶来。她急忙举手招呼,森山又次下车后,她当面递上报告书。森山又次即拿出日钞30元作报酬,两人还窃窃私语了一番。分别后,突然有人拦住这个女人。一看,原来是遇上了游击队。

游击队当场搜出了上海日军特别部出入证以及日钞等铁证,于是将其击毙在沪闵路上。

（本节内容根据1938年9月23日《文汇报》报道整理）

9. 宣抚班卷土重来

1938年9月22日午间，有驻闵行日军警备队20余人，由蛰居闵行镇的马桥维持会会长李政林率领，与地方抗日游击队人员在新行桥头发生遭遇战。隔河对峙，交战一个多小时，始各引队而去。于是，日军队伍沿上松公路绕到北桥镇，在“融圃”之中埋锅造饭，宰乡间鸡鸭猪羊，并挖壕建堡，赶造防御工事，一面向闵行镇乞援增防，严守以待。吓得北桥居民奔向四处逃避，数日不敢回家。

9月24日，重新组建的伪“上海县自治维持会”入据县政府大楼，为虎作伥。

9月25日，森山又次率领日军60人及伪警察120人，重新由闵行镇返回北桥镇驻防。他们强拉附近居民，在县治区域内掘壕筑堡。被逼出工的人群中，有北桥镇上的祖传中医陈友儒，年逾花甲，且染烟瘾，更因腹中饥饿，无力工作，竟遭森山又次拳打足踢。

日军又在北桥区域内，三五成群，在各村搜索青年妇女。

森山又次派人在俞塘北、桐桥南、竹冈东、草庵西的各个村宅内搜查，将6岁至12岁的学龄儿童挨个抓来，禁闭在县政府大楼内，共40余名，日以教授东语、体育为事，并取糖食分赠各童，不许家属探视及有出外行动，不知将来有何用意。

（本节内容根据1938年9月《文汇报》报道整理）

10. 颛桥税卡遭遇战

1938年9月30日上午7时，森山又次派出一个日兵、两个伪警和两个收税员赶到颛桥镇上，霸住大洋桥，征收六磊塘船只来往货税。10时左右，翁部游击队伪装货船经过大洋桥，趁论价纳税之际，出其不意，将两个伪警和一个日兵擒获，卸除武装，绑赴某地枭首而去。两税收员死里逃生，奔回北桥报告。森山又次立即调动伪警60余人、日兵40人，杀向颛桥镇而来。一路上枪声不绝，流弹击伤不少正在田间采棉的农民。颛桥镇上居民闻讯逃避四方。

下午4时许，日本兵胡笳一鸣，整队返回北桥。颛桥镇民才敢回家居住，一入家门，但见衣衫满地，器物零乱，台凳敲碎，箱笼击废，各户俱遭受重大损失。

谁料想，10月1日午后1时，伪“九县剿匪大队长”兼新桥镇伪维持会会长周贵龙率同新桥警察队“帆刈幸造”的日兵100余人，由新桥出发，冲到颛桥镇上。他们先抢掠义记肉店内正拟出售的鲜肉，又奔到恒盛南货号，强取虾尾、皮蛋、榨菜、烧酒等类食品，聚集在望江楼酒店内牛饮豕食。饱餐一顿之后，他们开始搜查翁部游击队，挨家点名，清查户口，趁机侮辱年轻妇女，强抢贵重财物。结果，并未查货游击队行踪，就将西市茶馆内的茶客金才生、李阿四等6人，指认为游击队人员，用麻绳捆绑，一并拘押，往西而去。

（本节内容根据1938年10月3日《文汇报》报道整理）

11. 恒和花厂遭殃

本地农村以棉花为出口大宗，历年一到秋收，沪商纷纷派人下乡收买，时值估价，公平交易，调剂农村金融，为农民造福。1938年，因春耕缺肥，新棉歉收。而上海县宣抚班长森山又次、指导官森重北治率同伪警，分赴北桥各村挨户搜查，将棉花逐家登记后，不许另售于人，彼则专利贬价收买，棉花每担9元5角(沪市价值15元)，花衣每担35元(沪市价值49元)。各村中如有隐匿盗卖者，则以烧、杀、责打、拘罚为惩治。森山又次将农村棉花完全搜刮管制后，遣日伪军警把守赴沪各要隘，控制水陆交通，专门查验棉花有无偷漏出境，以凭处治。故北桥孙协盛、颛桥姚永丰、马桥王杏生、闵行万恒丰、塘湾杨家厂等花商，虽有货而不能装载到沪，必须要等森山又次许可，森重北治过手，方能到沪。

农家新棉登场，地处北桥镇东市的恒和轧花厂开始营业。

9月27日，森山又次突然带队闯进恒和轧花厂，不分青红皂白地将花厂

工人逐一痛打。受伤最重的是年轻学徒张义生。日军还搜走了厂款400余元,捣毁了不少什物。

恒和花厂厂主孙某只得与塘湾宋和尚、颛桥姚永丰花厂老板一起,托人向上海军特部领得装货通行证后,分头雇用卡车装载花衣。此事被森山又次知道后,一口指认恒和花厂是“偷税漏税”,立即下令将运货卡车一并扣留,还在恒和花厂厂门上贴了封条。

厂主孙某急忙赶到上海城区,托人贿赂“说动”军特部派人下乡做调解。最终,孙某将花衣销售给日本人开的上海三井洋行,才算了事。而在这一周折过程中,恒和花厂为疏通关节损失1 500多元(相当于30多担花衣)。

(本节内容根据1938年9月23日和10月3日、9日《文汇报》报道整理)

12. 收棉时节遇强盗

1938年10月14日,殷家油车夏家埭村民30余人,装担肩挑自种的棉花,沿沪闵路吆喝前进,本想挑到闵行万恒丰花厂求售,议定时值每担12元。谁料不巧遇上森山又次乘坐的汽车疾驶而来。森山又次当即勒令村民停止前进,并检视包数,共见有120余包,每担作价8元。森山又次遂从衣袋中掏出一把市面上不通用的日军用票,算是付款,命令将棉花立刻送到北桥军部去。村民们见辛劳一年的血汗结晶就要尽付东流,日后何以求生度日,只得向森山又次苦苦哀求。眼看无望,30余名村民只得扭头逃遁。这时,森山又次发觉眼前这些货物难以搬运,咆哮如雷,愤无可泄,骤然取出盒子炮联珠滥发。正在逃跑的村民中有七八人中弹倒地,其中夏金根,身受重伤,子弹从后臀射入,尚未穿出,血流如注,人事不省,送到闵行施疗所,继转送闵行日海军医院,均以无法医治为辞。次日家属又送到仁济医院求治,性命垂危。

10月21日,北桥东南褚家埭有诸唐葛等九户人家,被日军指导官森重北治发现将大棉花种藏在阁楼上,想留在明年做花种而不肯脱售。森重北治立即命令将这九户人家的房屋付之一炬。

日军在南顾家宅顾伯全的家中,搜出24包棉花,用日军用票以每担10

元5角强买强卖。顾伯全不收日军票,苦求调换中国钞票。森重北治恼羞成怒,将顾伯全打得半死。

日军在长寿庵西首夏阿大家中,搜出132包棉花,指认为偷漏,不名一钱,强行挑走。连五十图伪图董潘锦书的家中,也被森重北治不名一钱地挑走棉花18包。

森重北治走过林家埭,看见林木生的小媳妇在田里采棉花,认为姿色尚可,便顺手将其掳到北桥司令部去了。

(本节内容根据1938年10月16日、23日、
11月3日《文汇报》报道整理)

13. 森山又次在闵行撒野

1938年10月21日,森山又次吃过中饭,改穿便衣,带了几个伪警察,由北桥逛到闵行老街去。他们路过新园茶馆,一茶馆的茶客并未察觉,因此无人起身行礼。一向目中无人的森山又次顿时大怒,招呼伪警案当即将全堂40多个茶客统统押送到黄浦滩,持枪勒令他们投黄浦江自杀,否则立即开枪击毙。

茶客们不敢违抗,在驱逐之下勉为其难,只得一步步走进黄浦江。当江水没到膝盖时,茶客们再三哀求。围观的居民吓得四散,奔走呼救。可是森山又次置之不理。

正在这千钧一发之际,有人将伪闵行镇治安会会长黄尚文随同日海驻军某队长喊来了。海军队长见场面过于难堪,上前说情,力为排解。森山又次不作一声,掉头扬长而去。

茶客们急忙带水拖泥爬上河岸,悻悻归家。

森山又次心气不顺,转身来到闵行镇西街发泄。他下令拆卸住宅房屋,从汽车站起拆到曲尺湾止,不下八九十家。

于是,仅几天时间,黄浦江西滩的长源木行、兴市电灯厂、黄宗坚住宅等先后被拆。日兵将所有的屋梁、木柱、板门、木窗均用军用卡车载到北桥司令部去。

(本节内容根据1938年10月24日《文汇报》报道整理)

14. 森山又次回北桥出气

因森山又次在闵行老街一再扰民，与日海驻军意见相左引起冲突，被驱逐出镇。他只得带领警卫队、县治安会、县警察所等撤回北桥镇驻防。

森山又次回到北桥，怨气难抑，天天出门强赊硬抢农家财物和农产品，稍不顺意则笞责拘押，致使一般弱小乡民畏如蝎虎。他诬指北桥小学前任校长孙仲机偷盗县政府公物，拘押在伪警察所，用杨树棒打得两腿鲜血直溅，十余天后才交保开释。

寺弄内徐秋生的儿子徐永江，一向在上海经商，10 月 27 日回乡省亲，却被日兵指认为“土匪”，亦拘至伪警察所，受尽折磨。幸经老父请求县维持会出具证明，始得出狱。

（本节内容根据 1938 年 10 月 29 日《文汇报》报道整理）

15. 飞来横祸

1938 年，在上海市郊沦陷区域内，不论市镇乡村，农工商人，往来行旅，莫不惨遭日伪军蹂躏，饱尝痛苦。沪杭公路上，自 10 月起除装棉汽车、军用卡车外，其他车辆行人一律禁止通行。

12 月 9 日，沪闵班“大陆丸”轮船载客开往上海城区，船经关港，停靠轮埠时，只见拖船之中突然有日军用机枪扫射，弹密如雨。这时，船埠上争先恐后登船的乘客，猝不及防，饮弹跌入江中的有六七人，受伤倒卧的有八九人。

北桥东乡石驳岸的花商翁庆全，正巧携带轧花机中所用的汽缸在关港船埠候轮，也饮弹倒卧。想不到，冲过来的日本兵指认其为土匪，先将其怀中所藏的 400 余元法币悉数抄没，随后将其抛入黄浦江，顺流东去。旁人见之，个个悲痛不忍。

（本节内容根据 1938 年 11 月 10 日、12 月 11 日《文汇报》报道整理）

16. 吴家宅盗案之后

1938 年 12 月，上海县属各乡镇土匪、盗案丛生。

12月23日晚上，距离北桥镇不足半里路的吴家宅，突然遭到20多个不携军械的土匪前来抢劫。宅上的吴云林稍有反抗，即被他们用钉耙打死。

第二天一早，吴家宅乡民将实情报告日军宣抚班。森山又次派人勘验后，却反指吴家宅人"窠藏土匪"，当即声称要调集日伪军警洗剿吴家宅及附近各村宅，以除后患。幸有本地乡绅严闵远出面劝阻，始得作罢。

但是，森山又次仍不放心。为提防浦东游击队潜入浦西与上海县属的游击队一起拆断沪闵公路，阻碍日军运输，森山又次立即下令封锁沪闵陆路交通，沪闵路、上松路上的长途汽车也严禁通行。

同时，日伪军在北桥镇四周举行野战演习，试放实弹枪炮，借以虚张声势。并集合300余名日军各路步、马、炮兵，在闵行、北桥、马桥、颛桥、塘湾、曹行等镇乡村之间武装游行，恐吓乡人。

（本节内容根据1938年12月25日《文汇报》报道整理）

17. 森山又次报复

1939年1月16日下午1时许，森山又次率领六个武装日兵，乘坐军用专车在沪杭公路上巡游。车至钱粮庙站洋桥附近，被埋伏在这里的江浙游击队截击。森山又次命日兵还击，并驱车疾驰逃避。

第二天上午10时，森山又次调集汇桥"三谷"、北桥"野村"、闵行"中岛"各队日兵，会同吴家巷"中村"部队，约50人，在北桥镇东北的野三官堂附近，与天马山游击队王、翁两营官兵发生一场遭遇战。

游击队且战且走，初退至陆家堆，又引日军至里车沟，乃将日军前后围击。当时，日军枪弹如雨，游击队沉着应战，直至下午5时半。日军弹药告罄，开始败退。游击队一直追击至沪杭路附近。

森山又次立即报告虹口日军总部。为此，日军从18日早晨6时起，断绝了沪南大西路、白利南路、虹桥路、中山路以及沪杭公路的交通，分调上海日海陆军400余人，集合在沪杭铁路以南、北桥镇以北、黄浦江以西，进行大规模搜查。在颛桥镇冈庙前紫竹乡乡长王俊荣家中搜到破旧猎枪三支。王家长工李某当场被森山又次击毙，并拦路指认八九个行人是游击队人员，拘解

到北桥去。

18 日早晨，颛桥镇花商顾某在上海城里雇一辆卡车，随带运货通行证，准备到颛桥装货。不料车至惠灵站，被森山又次用枪刺戳破车胎，勒令退回上海城里，并将顾某所带的 1 200 余元现钞一并掠去。

（本节内容根据 1939 年 1 月 19 日《文汇报》报道整理）

红星闪耀颛桥小学

华介眉播下“红色火种”

1945 年 3 月中旬，中共松江中心区委书记华介眉，通过松江县莘庄乡立颛桥小学（在颛桥西街，初名“振颛小学”）校长宋关通的关系，来到颛桥地区开展工作。

华介眉，本名陈正华，无锡人。1942 年春，担任中共莘（庄）七（宝）区委书记，公开身份是西河浜小学教师。

宋关通（1917—1997），颛桥乡中沟斜桥头（今中沟村十组）人。时任中共松江城东支部组织委员。

在颛桥中心国民小学（在颛桥南街），华介眉遇见熟人谈勋。谈勋（1923—2018）是莘庄乡谈家塘人，早在两年前，正在读师范的谈勋在莘庄西河浜认识了华介眉，并参加了他组织的“青年读书会”。1944 年秋，未满 20 岁的谈勋进入颛桥中心小学执教。他个性活跃，崇尚正义，在本镇青年人中颇有号召力。

华介眉已了解谈勋的政治信仰，因此动员他加入共产党。谈勋又惊又喜，激情迸发，表示愿意跟其学习进步思想。他年纪还轻，喜欢自由自在，常年在校内住宿，暑假仍不想回莘庄，一个人独守在小学内。于是，华介眉悄

悄搬来寄宿，早出晚归，由于谈勋的竭力掩护，这里成为相对安全的中共地下组织工作站。谈勋也借此机会聆听华介眉对当前形势的分析，进而眼界大开，正式宣誓加入共产党。为配合华介眉的工作，谈勋刻印了数十份宣传新四军淞沪支队在浦西打胜仗和警告日伪军的传单，并在颛桥镇上张贴了十多份。

华介眉给谈勋带来了《续西行漫记》等进步书刊。谈勋自己订阅了《苏联文艺》《时代》《民主》《文萃》《周报》等刊物，并热情地推荐给本地青年阅读，宣传抗日战争必胜的信念。谈勋利用小学大门西侧的房屋创办了“众安阅览室”，使进步青年有了一个可以经常秘密聚会的地方。

“红色火种”由此在颛桥小学与颛桥中心国民学校悄然传播开来，使不少青年人的心中萌发出向往正义事业的火花。在华介眉的指导下，几个20岁上下的进步青年脱颖而出，酝酿着在颛桥地区展开革命运动。

不久，抗日战争胜利，大地重光。然而，时局依然动荡，和平仍未到来。

1945年9月，华介眉奉命北撤，负责党支部组织工作的宋关通奉命留守地方，担任颛桥小学校长，并出任松江县颛桥镇（今老镇西街）镇长。他妥善地帮助中共地下党员解决生计和安全困难。

后宋关通因处境危险，经组织安排，及时撤离颛桥，转移到浦东白莲泾国民正心小学（后名白莲泾小学）任教。

青年楷模何念训

1946年春，中共淞沪工作委员会安排特派员李特英（本名雷霆，松江人）前来颛桥，与谈勋取得了联系，要求他坚持“长期隐蔽，积蓄力量，以待时机”。

不久，谈勋发展何念训正式加入共产党。

何念训（1928—1948）的祖辈为庐江望族，由松江县汇桥迁居颛桥老镇西街，母亲何锦花（1907—1983，后改名何政权）为本地教师。何念训既承庭训，又得时雨春风，颛桥小学毕业后，入闵行中学和华东农校。无锡师范学

何念训

校毕业后，在母校和江境小学执教三年。她文笔出众，学养较深，以孝友闻名，被本地青年视为楷模。

华介眉来颛桥镇开展工作时，何念训等小学教员乐于与他深入接触。华介眉充分肯定了何念训的政治表现，指导她书写了入党申请书，并与她做了正式谈话。

何念训入党后，革命意志更加坚定。她调到江境庙小学后，努力开辟新的战场。可惜，她不慎染上了肺病，但她不肯在家休养，仍带病协助谈勋管理“众安阅览室”，发动颛桥小学校友张寿亭、刘洁、陈旭、吴寿昌等组织起“颛桥青年文艺社”，并亲自帮助编印《轻轮》文艺刊物（后来成为《明心报》副刊），举办社会公益活动。

国民党特务暗杀民主人士李公朴、闻一多事件被揭露后，何念训撰写了《死并不是完结》一文，以笔名“心川”发表在1946年10月5日《文汇报》妇友专版上。她在文中慷慨宣告：

> 对于他们的死，我们应当加强我们的团结，严密我们的组织，来继承他们未竟的遗志。争取和平民主，不达目的不止！
>
> “我准备好了为民主而死！”他们的遗言，是我们有力的启示！
>
> 告慰李、闻两先生在天的英灵：我们——每一个爱好和平民主的人，都已准备好了为民主而死！

何念训时常为《家》杂志撰稿，与身患重病而乐观开朗的杂志编辑荣自芳结为知己。同时，她还负担弟弟的学膳费用。1947年暑假前夕，因频频咯血，她只得辞职，在荣自芳的帮助下，赴闵行疗养院调养了两个月。疗养期间，家住闵行镇的热血青年孙水观和陈龙英（后更名陈洁）时常来陪伴她。

她向他们推荐苏联小说《丹娘》和《钢铁是怎样炼成的》，热议时事新闻，发现他们也有“做支蜡烛，点燃自己，照亮别人”的信念，而且正在寻找党组织，就帮助他们先后进入颛桥小学执教。经过一番考察，谈勋和何念训介绍他们加入了共产党。

1948年6月16日，年仅20岁的何念训因病情加重而英年早逝，顿时引起全乡学界震惊。6月28日，从各处赶来100多位好友在颛桥小学举行何念训追悼会，由上海县参议员的张翼主祭。7月16日，《明心报》以一个版面刊发《何念训追悼专辑》，文章均由陈龙英含泪征集、编辑而成。

在公祭何念训的仪式上，张翼饱含热情发表祭文云：

> 惟我念训，女界少英。聪颖天赋，庄淑家成。幼承庭训，学养有根。既投学校，课业日深。醉心教育，锡师陶真。知行合一，手脑相生。执鞭颛北，不辞艰辛。化吾子弟，育彼茂林。青蓝因果，磊浦锦文。龙华播种，愈耀桃英。精勤业务，损其康宁。两年肺疾，一日仙登。颜回不寿，天夺斯人。耗传遐迩，哀悼同声。澧泉为献，以表寸心。呜呼女士，不朽精神。

秘密接应以待时机

1947年暑期，谈勋接到中共特派员李特英的来信，被告知将接受曹友梅同志的领导，并介绍其进颛桥小学执教。谈勋及时落实了党组织指派的任务，学校开学时，曹友梅顺利到校。两个月后，他奉命调走。

10月，中共淞沪工作委员会又安排特派员胡训谟（1910—1991，嘉定南翔人，1943年6月参加中国共产党），在华阳桥地区建立浦东人民解放总队松江大队，任政委，组织开展护路、护仓、护厂、护校斗争。

于是，谈勋帮助胡训谟化名胡云峰，以曹友梅请的代课教师的身份进入颛桥小学，领导迎接解放的斗争。谈勋按胡训漠的指示，刻印了数十份毛泽东《在晋绥干部会议上的讲话》，因按约未能顺利交送，只能藏在倪克孝家中。而不久倪克孝当选了众安乡乡长,情况日趋复杂。

为了寻机觅得武器,由何念训牵线,谈勋与颛桥镇自卫队的王德贤交上了朋友。正当他计划实施行动时,王德贤却不慎持枪走火,受到惩处。谈勋只得继续等待时机。

推动教师维权斗争

自 1948 年 4 月起,时局动荡不止,物价持续上涨,而上海县政府接连数月不给小学教师发薪,造成教师生活陷入困境,民怨随之爆发。中共地下党员以《明心报》为阵地,长期发表读者来信和漫画,有力抨击地方官僚,广泛传播民众呼声。

当年 6 月,随着颛桥乡镇行政区划的变化,西街的颛桥小学归并到颛桥中心国民学校,中共地下组织成员相对集中,斗争更活跃了。

同年 7 月 26 日,上海县参议会第六次大会在北桥开幕,《明心报》的呼声不断激起热烈反响。上午,全县教育界代表人士为之联名请愿,要求补发各月公粮,迅速改善教师待遇。下午,一百多名公教人员赶到会场外,列队请愿。参议长只得恳请张翼授权出场,当众表示接受意见。随后,张翼等参议员向大会提出《解救时艰之提案》,引起热议。

拖到 9 月 8 日,上海县政府给公教人员每人补发了三斗三升糙米(折合白米二斗八升六合),要求各校如期开学。

9 月 20 日,颛桥中小学开学,而教师们发现七八月份的薪金仍未发足。尽管张翼再次提交催办的提案,并得到参议会全场赞成,然而县政府依旧不发。于是,民怨再次集中爆发。

11 月,适逢颛桥中心国民学校建校四十周年,原本计划隆重举办的纪念活动因教师们心神不安难以推进。于是,谈勋鼓动教师们“发出饥饿呼声”,促成张翼向江苏省政府发电报称“公教人员难活命”。6 日下午 5 时,十多位来自颛桥、北桥、马桥中心小学的教师由谈勋、李政带领,赶到县参议长王益仁家宅门前请愿,恳求他一起前往县政府,吁请当局速发欠薪。同时,由倪

克孝联系张翼，请他给王益仁直接打电话，劝其为民请命。王议长表示同情，当即用电话通知县政府尊重民意。正巧县长公出，此举未获结果。7日上午10时，他们又赶到县参议会，面见王议长，明确要求不得拖欠教师薪资。11月11日上午，谈勋他们来到县政府门口，与七八十名原本素不相识的各校教师汇聚在一起请愿维权。县长俞秋月面对如此声势，被迫答应解决欠薪问题。

而俞秋月暗中奉行“戡乱”政策，企图迫害这次维权斗争的带头人。幸有张翼仗义相助，谈勋、李政等躲过一劫。

眼看全县公教人员心齐声高，俞秋月只得下令于12月2日发放了拖欠的教师工资。维权斗争的胜利，使颛桥人民看清了反动政府的真面目，看到了团结起来对抗人民公敌的巨大力量。

本地中共党员队伍随之不断壮大，又有陈旭、李政等先后入党。

1949年春，在迎接解放的日子里，颛桥地区的中共党员们设法收听解放区电台广播，广泛宣传战场信息和共产党的政策，并开展护路、护校斗争。谈勋因胡训谟召唤，赶到华阳桥参加了游击队。

自1945年至此，谈勋在颛桥小学先后接应了4位党组织领导人，并通过党组织先后发展了6名青年加入共产党。上海县解放后，他们各自走上了新的工作岗位，继续为人民服务，为理想奋斗。

上海县人民政权诞生记

1949年4月20日，国共两党在北平的和谈破裂。4月21日，中共中央毛泽东主席和朱德总司令向解放军发出《向全国进军的命令》。4月23日，人民解放军占领南京。

5月初，大批国民党军队从浙江经松江溃退至上海。有个工兵连长接到任务，为阻拦解放军追击，沿途公路桥梁要全部炸毁。颛桥镇上有三座环龙石桥，工兵连长率兵赶来时，颛桥名士张翼挡在桥头，据理力争，拼死保住了石桥。当时，松闵、闵沪公路沿线各镇无不受损，唯独颛桥镇太平无事，人们齐夸张翼有功。

1949年5月14日，中国人民解放军第三野战军第20军60师178团占领马桥地区。是日上午10时许，国民党政府县长俞秋月闻讯，急令机关人员和保安队全部撤离北桥。国民党守军节节败退，炸毁俞塘河上的沪闵公路九号桥和放鹤桥，沿沪闵公路向市区方向溃逃。

国民党上海县机关人员陆续逃离，最后由反动县长俞月秋带领30多人向塘湾方向逃窜。15日凌晨解放军第20军60师第178团占领国民党上海县政府大楼，上海县治北桥镇解放。

5月15日凌晨，人民解放军178团占领作为上海县治的北桥地区，国民

党 123 军 308 师 922 团一个营被歼。国民党军队往北溃退途中，炸毁沪闵公路七号、八号桥桥面和普慈疗养院的钟楼和水塔。

上海市以南
上海縣城解放
江蘇省除寶山崇明外全部解放
贛北門戶九江解放
湖北連續攻佔鄂城陽新
西安北面解放高陵
宣傳政策嚴守紀律
深得新區羣衆稱讚

新闻《上海县城解放》

当晚，解放军派出一个营进驻颛桥镇，露宿街头。第二天下午，在颛桥中心小学操场上，人民解放军驻军组织举行军民大会，宣告本地区解放。

早在 4 月中旬，根据上级决定，山东滨北地区南下干部在苏北南通县北郊平潮镇组成中共上海县委员会，委员 6 人，主纪先任县委书记。南下至松江后，委员增至 8 人。县委制定了《接管上海县工作的初步意见》，对上海县解放后县委领导全县人民接收国民党上海县政权、消灭反动武装、建立革命新秩序、维持社会原有生产水平、支援前线等做出具体计划。至 12 月，县委系统干部 37 人，老解放区来的干部占 73%。

县委书记主纪先（1909—2001），曾名主敬承、主继先，山东莒南县石莲子镇主家岭村人，1932 年 3 月加入中国共产党，1947 年 6 月至 1949 年 4 月先后任滨北支前政治部副主任、滨北专署教育科长、胶河县县长、滨北南下干部大队四中队政治指导员。

5 月 18 日，178 团 1 营（连以上干部几乎全是上海子弟）率先进至莘庄。营长瞿俊 25 岁，指挥着 700 多名全套美械装备的官兵，正要攻击，师里突然另有任务，让其将战斗任务移交二营。二营副营长倪俨（南汇县人）赶来指挥，在观察敌情时，不幸中了冷枪。瞿俊闻讯立即赶来营救，倪俨却牺牲了。

5 月 19 日上午，中共上海县委正式进驻位于沪闵公路旁的县府大楼，设秘书室、组织部、宣传部。本地区地下党组织纷纷前来接洽，帮助接管学校、仓库、医院等机构。随之，县委又建立城市工作委员会、干部训练班等工作机构。

同时，上海县人民政府在北桥镇宣告成立，苏南行政公署任命刘岳（江苏灌云人）为县长，设秘书处、生产建设科、民政科、工商科、教育科、财审科、司法科、公安局、税务局、粮食局和人民银行办事处等。在乡镇设办事处。

5 月 20 日，县地方武装部队中国人民解放军上海县总队成立。

5 月 27 日，整个上海地区宣告解放。

5 月底，北桥革命烈士公墓在横泾港东落成，隆重安葬在解放上海战役中牺牲的 119 名烈士。

6 月初，上海县成立剿匪委员会，开展剿匪肃特斗争，重点打击了塘湾、马桥地区及黄浦江两岸的土匪特务。

6 月 6 日，县内第一家国营商业机构，建中贸易公司松江支公司上海县办事处在闵行镇建立。

7 月，史济中（1917—1991，江西玉山人，1939 年参加革命）奉命接任上海县县长。史济中后来在回忆录中称："当时人心不定，社会秩序不好，国民党特务还在破坏，黄浦江上和有的地方还有土匪骚扰，生产不正常，贫下中农秋种时连麦种也没有，吴泾化工厂、颛桥纺织厂的原料、资金都已亏空，工人濒临失业的危险。当时呈现在上海县人民面前的是一个破败和困难重重的局面。"中共上海县委、上海县人民政府在做好接管工作的同时，剿匪肃特，整顿社会秩序，开展生产救灾，稳定市场，努力恢复地方经济。

人民政权正待完善之际，特大天灾却扑面而来。7 月 24 日，十二级强台风、暴雨和特大潮汐同时袭击上海县和松江县地区，黄浦江邻松段、闸港段江堤突然溃决，洪水大肆施虐，当地受灾严重。

7 月 26 日，洪水逐渐退去。本地农民损失惨重，饥寒交迫，必须立即组织救济。人民政权紧急建立生产救灾委员会，后又建立寒衣劝募委员会，动员社会各界参加赈灾行动，救济受灾农民。

8 月 5 日,县政府首次征收夏粮。当时,颛桥向阳村的朱永祥在仁寿堂的群众大会上听了史济中县长关于秋粮征收的动员讲话,后撰文称:那天"适逢天有小阵雨,解放军都穿着草鞋,有的竟光着一双脚。我在人缝中挤进去,找不到座位就靠壁站立着。大会开始了,大门口长凳上立起一位军人,开口先做自我介绍。我不由一惊,这个平头百姓模样的竟是新的县长史济中。他一开口,风度潇洒,滔滔不绝,场内鸦雀无声。他说,初解放时期,百度待举,还需要过一个困难的阶段,不要轻信谣言,谁好谁坏,老百姓只要多看看,多听听,多想想,心里就会明白的。史县长的亲切话语,令人心暖眼明。"

人民政府赢得民众信任,至 28 日全县超额完成了夏粮征收任务。

10 月 1 日下午,上海县各界人士 5 000 多人,在县政府东首大操场上举行庆祝中华人民共和国成立大会。

10 月 9 日至 12 日,上海县第一届各界人民代表会议在闵行镇召开,出席代表 123 人。选举产生各界人民代表会议常务委员会,委员 11 人。做出拥护减租,征收公粮,成立发展工商业研究会,肃清匪特及贯彻执行人民政府各项政策等决议。

11 月,全面废除保甲制,上海县划为闵行、颛桥、马桥、三林、陈行等五区,下设三镇三十六乡,各区、乡(镇)建人民政府。发动和帮助群众生产自救,克服严重春荒造成的生活困难,进一步稳定民心。

1950 年 7 月,在北桥乡试点进行土地改革,10 月全面展开,次年 2 月完成。乡村内划分雇农、贫农、下中农、上中农(富农)和地主等阶级成分,土地所有权进行再分配,统一颁发《土地证》。

12 月,上海县成立抗美援朝委员会,优秀青年踊跃参军,社会各界捐款捐物。至 1953 年全县有 2 232 人参加志愿军,赴朝鲜抗美援朝。

1951 年 3 月,县委建立人民武装部。9 月,建立群众性地方治安保卫组织,主要有治安保卫委员会(简称"治保会")、联防队和护村队。

1951 年 11 月,刘东明(山东莱阳人)接任上海县县长。

1954 年 4 月上海县人民政府迁至闵行镇。

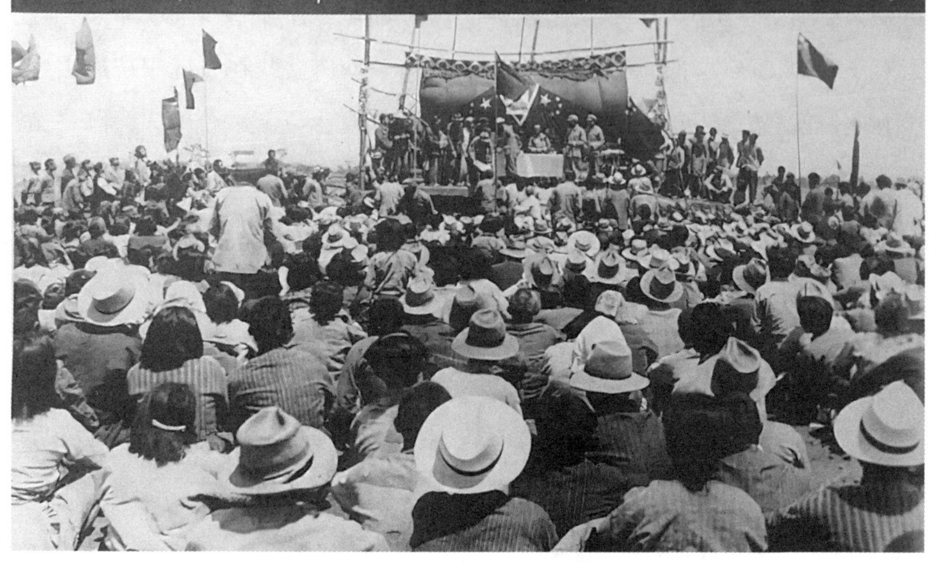

1951 年庆祝土改胜利大会

北桥乡颁发《土地证》

莘庄工业区由来

1992 年 6 月，闵行区建立“莘北工业区”，8 月，又建立“申莘工业区”，均为区级工业开发区。1994 年 3 月，颛桥镇牛桥村和横泾村的部分生产队以及水产村划归申莘工业区。

1995 年，闵行区政府决定将区级“莘北工业区”和“申莘工业区”合并，定名为“莘庄工业区”，辖区南起颛桥横沙河，北至顾戴路，东以沪闵路、七莘路为界，西沿北沙港、北竹港围边，总面积 17.88 平方千米。同年 8 月，上海市政府将“莘庄工业区”列为市级工业区。闵行区人民政府授权上海市莘庄工业区管理委员会负责该地区的开发建设、社会事务、行政管理工作；上海市莘庄工业区经济技术发展有限公司具体负责投资开发建设工作。

1995 年 8 月，莘庄镇青春村部分村宅划归莘庄工业区。

1996 年 5 月，颛桥镇紫江村、六磊村、联农村、群力村、新生村以及牛桥村原划归剩下的生产队划归莘庄工业区。

2002 年 11 月，颛桥镇新农村划归莘庄工业区。

2021 年末，莘庄工业区常住人口 64 845 人。

2022 年，莘庄工业区下辖群力村村委会和 10 个居委会：申莘新村第一居委会、申莘新村第二居委会、申莘新村第三居委会、春辉新村居委会、新源路第一居委会、南郊别墅居委会、鑫峰苑居委会、正峰苑居委会、天恒名城居委会、瓶安路居委会。

附录

闵行区颛桥镇历史沿革简表

<table>
<tr><td>元至元二十九年
（1292）</td><td rowspan="2">华亭县</td><td rowspan="2" colspan="2">上海县十八保十五、
十六、十八图</td><td colspan="2">上海县十八保十七、
十九、十四图</td></tr>
<tr><td>明万历年间</td><td colspan="2">北桥市</td></tr>
<tr><td>清乾隆年间</td><td>松江县颛桥庄</td><td colspan="2">颛桥市</td><td colspan="2">北桥镇</td></tr>
<tr><td>清光绪年间</td><td>松江县颛桥镇</td><td colspan="2">上海县颛桥乡</td><td colspan="2" rowspan="3">上海县北桥镇</td></tr>
<tr><td>1928 年 7 月</td><td>松江县莘庄区</td><td colspan="2">上海县颛桥乡</td></tr>
<tr><td>1948 年 6 月</td><td colspan="3">上海县颛桥镇</td></tr>
<tr><td>1950 年</td><td colspan="3">上海县颛桥区</td><td colspan="2">塘湾区北桥乡</td></tr>
<tr><td>1952 年 7 月</td><td>塘湾区颛桥乡</td><td colspan="2">塘湾区颛桥镇</td><td colspan="2">北桥区</td></tr>
<tr><td>1954 年 5 月</td><td colspan="2">大树乡、横泾乡、竹港乡、
俞塘乡等</td><td>颛桥镇</td><td colspan="2" rowspan="2">北桥乡</td></tr>
<tr><td>1956 年</td><td colspan="3">颛桥乡</td></tr>
<tr><td>1958 年</td><td>勤丰公社</td><td colspan="3">群力公社</td><td>勤丰公社</td></tr>
<tr><td>1962 年</td><td colspan="3">颛桥公社</td><td colspan="2">北桥公社</td></tr>
<tr><td>1984 年</td><td colspan="3">上海县颛桥乡</td><td colspan="2">上海县北桥乡</td></tr>
<tr><td>1993 年</td><td colspan="3">闵行区颛桥镇</td><td colspan="2">闵行区北桥镇</td></tr>
<tr><td>2000 年 10 月 18 日</td><td colspan="5">闵行区颛桥镇</td></tr>
</table>

历史大事记（889—1949）

唐龙纪元年（889）

大通禅师初建“华严院”。

宋治平元年（1064）

十月二十七日，吏部赐额“明心院”。

元丰四年（1081）

明心院大雄宝殿落成。植桧树二株。

元至元二十九年（1292）

建立上海县，颛桥属长乡人十八保十五、十六、十八图，北桥属十八保十七、十九、十四图。

后至元三年（1337）

松江府设立“北桥务”。

大德年间（1297—1307）

始建福智庵，俗称“颛桥西庙”。

明洪武七年（1374）

里人沈子文筹建瓶山道院。

洪武二十四年（1391）

明心院扩建，归并周边子庵，改称“明心教寺”。

永乐元年(1403)

瓶山道院重修。

嘉靖九年(1530)

大户朱百部去世,葬祖传墓地,立《朱氏茔石垄记碑》。

嘉靖二十五年(1546)

明心教寺东中房禅师琴楼明文建佛堂,修东廊、观远楼,筑围墙。

嘉靖二十九年(1550)

琴楼明文禅师重建明心教寺心远堂和市房,甃寺浜两旁石岸。

嘉靖三十九年(1560)

琴楼明文禅师再修明心教寺观音殿,立《明心寺观音殿记碑》。次年新建钟楼、弥勒殿。

隆庆四年(1570)

琴楼明文禅师又募修明心教寺大殿。

万历四年(1576)

七月,明心教寺重修轮藏殿、金刚殿、大殿、外山门、两回廊、楮炉等。八月,立《明心寺勒功记碑》。

万历十二年(1584)

瓶山道院立《天移井碑》。

万历十四年(1586)

孟夏,明心教寺铸大铜钟。

万历十六年(1588)

《上海县志》记载"北桥市"。

万历二十二年(1594)

北桥金山神庙重修。

崇祯四年(1631)

翁英(字际蜚)赴京会试获第一名。后崇祯帝重审钦定为一甲第二名武榜眼。

崇祯七年(1634)

瓶山道院重修。

崇祯九年(1636)

瓶山道院立《助赡田房记碑》。

崇祯十三年(1640)

里人翁南屏重建野三官堂(大树庵)。

清康熙二十八年(1689)

明心教寺重修。

乾隆二十年(1755)

瓶山道院扩建。两年后立《重修瓶山道院记碑》。

乾隆二十九年(1764)

明心教寺重建大雄宝殿。

乾隆四十九年(1784)

《上海县志》记载“北桥镇”“颛桥市”。

乾隆五十八年(1793)

明心教寺重建天王殿。

嘉庆十五年(1810)

金山神庙重修。

嘉庆十六年(1811)

里人朱采辑成《上海明心寺志》。

嘉庆二十一年(1816)

里人朱昂撰《开浚俞塘横沥示略》,碑立金山神庙。

道光年间(1821—1850)

“北桥五老”以明心教寺绿玉山房为诗酒雅集处。

徐光启后裔从“徐家湾农庄别业”迁居到六磊塘北、横泾港东,自建“徐家墙里”。

道光二十三年(1843)

明心教寺基建屋成为悦善堂公所。

咸丰十年(1860)

设立中渡桥团练局,后改称“颛桥团练局”。

光绪三年(1877)

九月二十七日,著名塾师孙华清逝世。

光绪三十一年(1905)

乔锡增与朱洞宾创办"北桥公学"。

光绪三十四年(1908)

年初,张国华、施其光在颛桥镇北街创办颛溪小学堂。

10月,张国华、何其章在南街华阳庙创建私立颛区小学堂,1929年改为"上海县立颛桥小学校"。

光绪年间

松江白雀寺淫寺事件殃及明心教寺。

宣统二年(1910)

颛桥初级小学在西街福智庵内创办。

宣统三年(1911)

正月,北桥乡建立自治公所。周同德任乡议会议长,乔锡增任乡董。

二月,颛桥乡建立自治公所。张国华任乡议会议长,俞怀卿任乡董。

是年,里人陆杏林等募捐重建金山神庙杨爷殿。

民国元年(1912)

6月,北桥乡议事会改组,陈珍任议长。颛桥乡议事会改组,张国华连任议长。

民国二年(1913)

6月,颛桥乡议事会议员改选,俞孟德任乡董。

8月,北桥乡议事会议员改选,乔锡增连任乡董。

是年,松江教区牧师在北桥镇西街创建耶稣堂。

民国三年(1914)

3月,上海县公署委陈珍为北桥乡经董,施其光为颛桥乡经董。

是年,北桥金山神庙内立《阵亡官兵纪念碑》。

民国四年(1915)

何杰才清华学校毕业,公费赴美国留学。

民国五年(1916)

8月,陈珍辞职,戴元贞任北桥乡经董。

民国八年(1919)

1919年,里人张国华等重修永安桥(俗称“油车桥”)。

民国十年(1921)

5月,李英石联络上海、南汇、奉贤、松江县绅商筹资修筑沪闵公路。

是年,北桥镇中市新建耶稣堂屋,时有教徒40余人。

民国十一年(1922)

5月,沪闵公路沪闵路段正式开工建设。

9月,戴元贞病故,乔梅岑任北桥乡经董。

10月28日(农历九月初九),颛桥商界首次举办“重阳庙会”。

12月2日,沪闵路段长途汽车线试通行。

民国十二年(1923)

元旦,沪闵南柘公司举行沪闵路通车典礼。

6月,恢复地方自治。

12月,因乔锡增病故,北桥乡增补李学能为乡董。

是年,孙逢吉等重修六磊塘桥。金殿赓等将巷口桥由木桥改建为石桥。杨念敏等重修胜塘桥。

民国十三年(1924)

7月,北桥乡改选孙世本为乡董,颛桥乡仍选施其光为乡董。

民国十五年(1926)

张翼任颛桥小学校长。

是年,西街姚永丰碾米厂开始用机器碾米。

民国十六年(1927)

北桥、颛桥乡建行政局。

民国十七年(1928)

7月9日,实行上海市、县分治。

民国十八年(1929)

8月1日,上海县农民教育馆在颛桥开馆,张翼任馆长。

民国十九年(1930)

2月14日(农历正月十六日)夜,明心教寺遭火灾,主要建筑尽毁。

民国二十年(1931)

5月5日,上海县政府办公大楼在北桥奠基。

是年,明心教寺僧定根续抄《明心寺志》。

民国二十一年(1932)

元旦,张翼组织在农教馆举行上海县第一次国货展览会。

春,为纪念第一次淞沪会战,举办灯会,为期20多天。

6月6日,张翼主持第一次土布展览会在农民教育馆开幕。

6月11日,上海县政府办公大楼正式开工。

6月13日,"上海县土布运动大会"移至蓬莱国货市场连展3天,并设"上海土布商店"。

10月2日,张翼到沪西泰兴路清凉禅寺举办第二次上海县土布展览会。

10月10日,上松路开通,辟班车客运线。

10月,上海县农民教育馆参与主办"上海土布运动大会",活动为期15天。

冬,颛桥人自费编印《民族之光》,记述"一·二八事变"十九路军抗战事迹。

民国二十二年(1933)

1月9日,上海县政府办事机构全部从南市杨家桥迁入北桥。实行保甲制。

4月25日,农民教育馆组织举办第四次土布展览会。

9月2日,台风过境,明心教寺钟楼倾废,铜钟无恙。

民国二十三年(1934)

1月28日,颛桥镇举行"一·二八事变"淞沪抗战纪念会,到会500余人。

2月,农民教育馆组织举办农村副业展览会。

3月12日,中华职业教育社"漕河泾农学团"先遣队进驻赵家塘,筹备创建“农村改进区”。

5 月,沪闵公路旁新建钟楼竣工。

7 月,中华职业教育社以赵家塘为中心建立“农村改进区”。

8 月 8 日,新建钟楼揭幕启用,取名民新楼,俗称“北桥钟楼”。

是年,江苏省立俞塘民众教育馆在北桥乡设立瓶山分馆。

民国二十四年(1935)

6 月 29 日,上海普慈疗养院开业。

9 月 19 日,张翼组织土布运动四周年纪念活动。

9 月,张翼向全国各地省政府发出提倡服用土布的通电。

民国二十五年(1936)

2 月,上海地方史学者赴北桥采风。

10 月,县立医院在北桥镇建立。

民国二十六年(1937)

8 月 21 日,3 架侵华日军飞机轰炸北桥镇,十多间房屋被毁。

9 月 10 日,五架日机在北桥地区示威,北桥小学被炸毁。

11 月 6 日,日军飞机轰炸颛桥地区,7 间民房被炸毁。

11 月 11 日夜,中国军队在北松公路阻击侵华日军。上海县沦陷。

11 月 12 日,凌其瑞等义葬抗战勇士。

是日,日军在北桥谢家堂、戚家堂、光明村大肆烧杀抢掠。

12 月 8 日,日军“扫荡”颛桥镇乔家塘。

12 月 9 日,日军飞机空袭颛桥地区。

12 月 11 日,日军“扫荡”俞箕乡。

12 月 12 日,日军“扫荡”颛桥镇王家塘、赵家塘、大湾宅等地。

是月,县政府大楼后面“积谷仓”荒地成为日军集中杀人、埋尸基地。

民国二十七年(1938)

2 月,伪“上海县治安维持会”在北桥镇成立。

6 月,伪“上海县治安维持会”改称伪“自治维持会”。

10 月 16 日,日军飞机在颛桥镇投弹 3 枚,炸死 12 人。

民国二十八年(1939)

3月17日,伪"上海县自治维持会"改好伪北桥区区公署,隶属伪上海特别市政府。

民国三十一年(1942)

夏,日伪政权修筑"清乡"封锁线,颛桥米市交易畸形兴旺,老街上米行增加到32家。

9月,伪北桥区改称伪"北桥特别区",厉行保甲制,实行"清乡"。

民国三十三年(1944)

8月,伪北桥特别区改称伪"申江县"。

民国三十四年(1945)

3月中旬,中共松江中心区委书记华介眉(本名陈正华)来颛桥地区开展工作。

6月5日,空军上尉曹仁寿在恩施机场不幸殉职,年仅32岁。

7月,颛桥小学教师谈勋加入中国共产党。

8月15日,日本投降,抗日战争胜利。

民国三十五年(1946)

2月,北桥地区脑膜炎流行。

春,中共特派员李特英(本名雷霆)来颛桥领导地下斗争。

7月,就上松路(今北松路)北桥"支那勇士之墓"改建事宜,钮永建批示:"此实为抗战中惨烈光荣史迹之一,予以表彰,立碑纪念,并定期公祭,改为无名英雄之墓。"

民国三十六年(1947)

4月,张翼当选上海县参议会参议员。

12月1日,《明心报》在颛桥镇创刊。

民国三十七年(1948)

年初,中共特派员胡训谟以颛桥小学教师身份暂居在颛桥镇上,领导迎接解放的斗争。

2月15日,张翼任俞塘民众教育馆馆长。

3月28日,曹仁寿灵柩运回故乡,颛桥乡隆重举行公祭活动。

6月14日，北桥的县府建筑修复完工。次日上午，县政府正式从闵行迁回原址办公。

6月，上海县颛桥乡与松江县颛桥镇一至七保合并为上海县颛桥镇。

7月16日，《明心报》刊发《何念训追悼专辑》。

7月26日，上午，全县教育界代表人士为之联名请愿，要求补发各月公粮。下午，100多名公教人员赶到县参议会会场外，列队请愿。

7月，私立颛桥初级职业学校创办。

11月6日下午，十多位颛桥中心国民学校教师赶到县参议长王益仁家宅请愿，吁请当局速发欠薪。

11月7日上午，颛桥中心国民学校教师再次面见王议长，因未获结果，决定集体“总请假”。

11月10日，颛桥中心国民学校举行建校四十周年纪念活动。

11月11日，颛桥中心国民学校联络全县各校教师到县政府请愿，县长俞秋月被迫答应解决欠薪问题。

民国三十八年(1949)

3月30日，曹仁寿烈士公葬活动在新建成的“仁寿堂”举行。

4月3日(周日，清明节前夕)，钮永建与凌其瑞、张翼等率俞塘民众教育馆师生，在修葺一新的“无名英雄之墓”前植树献花，举行祭典。

5月15日，人民解放军20军60师178团占领上海县治北桥镇，接管上海县政府。

5月16日，在颛桥中心小学举行军民大会，宣告颛桥地区解放。

5月19日，中共上海县委进驻北桥镇。上海县人民政府在北桥镇成立，刘岳任县长。

5月底，北桥革命烈士公墓在横泾港东落成，安葬为解放上海而牺牲的119名烈士。

1949年

10月1日，上海县在北桥举行庆祝中华人民共和国成立大会。

11月，废除保甲制，北桥镇人民政府、颛桥乡人民政府成立。

后　记

今日闵行区颛桥镇由原颛桥镇和北桥镇合并而建，二十世纪三四十年代北桥曾为上海县治所在地，这里的历史文化资源十分丰富。笔者近年撰写出版《留住乡愁·颛桥篇》《上海乡绅张翼》之后，又发掘整理了一系列史事和人物故事，现合编为《颛桥、莘庄工业区史话》正式出版，以飨读者。

颛桥镇已经在“闵行绿道”沿线建成“颛桥历史文化长廊”，在党建服务中心建成“颛桥韵味”历史展览馆，在颛桥中心小学建立“红色史迹纪念地”，并即将在北松公路建立“抗战史迹纪念地”。阅读《颛桥、莘庄工业区史话》，寻访历史纪念地，必定会有特殊的人生感悟。

张乃清

2023 年 3 月

上海闵行地方文史丛书

（闵行区文化发展专项资金资助项目）

第二辑

《浦江史话》
《吴泾史话》
《马桥史话》
《颛桥、莘庄工业区史话》
《梅陇、古美史话》
《莘庄史话》
《七宝史话》
《虹桥史话》
《华漕、新虹史话》
《江川史话》
《浦锦史话》

第一辑

《闵行秀·老屋大观》
《闵行秀·古迹寻踪》
《闵行秀·乡土墨客》
《上海闵行英烈》
《上海闵行红色地图》
《百年沪闵路》（修订本）
《海派乡土文化》（修订本）
《20世纪上海乡土图像》
《上海闵行历代著姓望族》
《上海闵行地方古籍提要》